空海のことば《こころ》

保坂 隆

MdN新書

046

はじめに

空海《くうかい》は、日本の仏教の大偉人です。空海という名より、「弘法大師《こうぼうだいし》」「お大師さま」という名で広く知られ、慕《した》われています。平安時代初期に、唐《とう》の国の密教を日本に伝えて真言《しんごん》宗《しゅう》を開き、世のためにさまざまな業績を残しました。

とりわけ私たちにとってありがたいのは、自らの修行や人生の過程で書き伝えてくれた「ことば＝言葉」ではないでしょうか。

この本では、現代に生きる私たちの苦しみや悩みを救ってくれる空海の言葉を紹介したいと思います。

最近、人間関係や仕事の悩みが原因で、心のバランスを崩《くず》す人がとても増えています。面倒な仕事も嫌《いや》な顔をせずにこなし、周囲から「働くのが好きな人だ」「この仕事に合っている」と思われている場合も、実は、その裏には大きな悩みが隠されていて、心が悲鳴《ひめい》をあげているケースがあるのではないでしょうか。

「癒《いや》し系《けい》」や「スローライフ」が人気を集めているのは、なんとか悩みを解消したいと願っている人がいかに多いかを物語っています。

悩みやストレスというのは、我慢したり放っておいたりすると、心や体をどんどんむしばんでいきます。しかも、そんな日々が続くと、いつかは耐えきれなくなり、ちょっとしたことで感情のコントロールを失ってしまうのです。いわゆる「イライラする」「キレる」という状態です。

そのうちに、

「自分はなんのために生きているんだろう」

「こんなに頑張《がんば》っているのに、誰も感謝してくれない」

「こんな生活から逃げ出したい！」

などというネガティブな考えが、頭から離れなくなってしまいます。

しかし、ネガティブな考え方をしていては、悩みが減るわけはありません。それどころか、自分の立場を危うくし、ますますストレスを抱え込むようになっていきます。

「風邪《かぜ》はひきはじめが肝心《かんじん》」といわれますが、悩みも同じです。まだ小さい段階で、上手に解消してしまうことが大切です。そのために役立つのが「感情を整える技術」なのです。

本書では、感情のコントロールを失ってしまった人や、失いそうになっている人など、惑《まど》える人たちが平常心を取り戻すために、「心が軽くなる言葉」「前向きに生きる言葉」「迷いが消える言葉」「自分を磨く言葉」「今日を大事に生きる言葉」など、さまざまな空海の言葉を紹介してみます。

空海の言葉は、理論や理屈ではありません。修行の中からつかんだ実際に役立つものばかりです。ですから、現代においても私たちの心に響き、感情を整えて、明るい道に導いてくれるのです。

人は誰もが課題を背負い、苦闘しながら成長していくものです。そんな人生の折々に、この本の空海の言葉は私たちに寄り添ってくれるでしょう。あるいは「苦しみを突破する力」として働くでしょう。

私たちの悩みや苦しみを、お大師さまはその言葉で必ず助けてくださるはずです。

空海のことば《こころ》——目次

はじめに——3

第一章　心が軽くなる言葉

第二章　前向きに生きる言葉

第三章　迷いが消える言葉

第四章　自分を磨く言葉

第五章　今日を大事に生きる言葉

編集協力：幸運社
本文校正：石井三夫

出典一覧　登場順

※出典物は空海、もしくは弟子の手によるもの

文鏡秘府論【ぶんきょうひふろん】
漢詩について述べた文学理論書

遍照発揮性霊集【へんじょうほっきしょうりょうしゅう】
漢詩文を弟子の真済《しんぜい》が編纂したもの

般若心経秘鍵【はんにゃしんぎょうひけん】
日本初の「般若心経」の注釈書

平城天皇灌頂文【へいぜいてんのうかんじょうもん】
平城天皇に結縁《けちえん》灌頂（仏道との縁を結ぶ密教の儀式）を授けた際の表白《ひょうびゃく》文（趣旨を述べた文書）

声字実相義【しょうじじっそうぎ】
言葉は真理をあらわすという思想を説く仏教書

金勝王経秘密伽陀【こんしょうおうきょうひみつかだ】
「金勝王経」は国家を鎮護する経典。伽陀は声明《しょうみょう》（仏教声楽曲）の一種

三昧耶戒序【さんまやかいじょ】
密教で説く戒めである「三昧耶戒」の序文

十住心論【じゅうじゅうしんろん】
正式名称『秘密曼陀羅《まんだら》十住心論』は人間の精神を十段階に区分した真言密教の体系書

一切経開題【いっさいきょうかいだい】
「一切経」の概要を述べたもの。「一切経」は仏教の経典の全集

大日経開題【だいにちきょうかいだい】
「大日経」の概要を述べたもの、「大日経」は密教の根本経典

秘蔵宝鑰【ひぞうほうやく】
勅令により提出された教義書。十段階の心の世界を説く

金剛般若経開題【こんごうはんにゃきょうかいだい】
般若経典の一つ「能断金剛般若経」を密教で解釈し、概要を述べたもの

崔子玉座右銘断簡【さいしぎょくざゆうのめいだんかん】
後漢の儒者・崔子玉《さいしぎょく》の「座右銘」を書写したもの

三教指帰【さんごうしいき】
出家宣言の書ともいわれる日本初の戯曲

第一章

心が軽くなる言葉

調子がよくないときは
流れにまかせ、
無理するな、無理するな

「意《こころ》に文を作らんと欲せば、興に乗じて便《すなわ》ち作れ。
若《も》し煩《はん》に似れば即《すなわ》ち止めて、心《しん》を令《し》て倦《う》ましむる無《な》かれ」
（『文鏡秘府論　南』）

仕事に好不調の波はつきものです。仕事にかぎらず、スポーツや勉強、あるいは好きな趣味でも、スランプに陥《おちい》ることもあれば、自分でも驚くほどの絶好調という日々もあるでしょう。

空海は「意《こころ》に文を作らんと欲せば、興に乗じて便《すなわ》ち作れ」という言葉を残しています。「文章を書く仕事は、調子のいいときに一気に進める」といった意味です。現代のビジネスパーソンに当てはめれば、「文章を書く」という部分を置きかえて、「仕事は、調子のいいときに一気に進める」と読んでもいいでしょう。

自分なりに創意工夫を凝らした提案書が会議で承認されたり、丁寧《ていねい》な説明で商談がまとまったりしたときには、頑張《がんば》ったかいがあったと思うはず。思わずガッツポーズのひとつも出そうです。

思った以上の成果をあげれば、周囲からの評価も高まり、今後はさらに大きな期待も寄せられそうです。それはまた、自分自身への励《はげ》みにもなります。

アスリートにしても、新記録を樹立したり、大きな舞台で活躍したりすれば、俄然《がぜん》、注目を集めます。ただし、ライバルの競争心をあおるのは必至《ひっし》。たとえば、プロ野球の東京ヤクルトスワローズの村上宗隆《むらかみむねたか》選手が日本人バッターとしてシーズン最多タイの本塁打記録となる五十五本のホームランを打ったあと、新記録となる五十六号が出るまでには、しばらく足踏みをしていました。

相手チームのベンチから申告敬遠をされたり、対戦投手からの厳しい内角攻めがあったりしたことも理由でしょうが、やはり本人が大きなプレッシャーを感じていたようにも思えます。

空海は「若《も》し煩《はん》に似れば即《すなわ》ち止めて、心《しん》を令《し》て倦《う》ましむる無《な》かれ」と続けています。「なかなかうまくいかないときは、いったんそこから離れて休み、心が疲れないようにしなさい」と教えているのです。

そういえば、ヤクルトスワローズ監督の高津臣吾《たかつしんご》氏は、シーズンの終盤、調子を落としていた村上選手を先発から外《はず》しました。村上選手はベンチにいたものの出番なし。つまり、高津監督は村上選手をひと試合だけですが、休ませたのです。そして、その次の試合で、村上選手は五十六号を放っています。

じつは、空海のこの言葉には続きがあります。「いつもこのように心がけて実行していれば、創造力、あるいはアイデアが尽きることはなく、また、精神的に疲れるようなこともない」というのです。

趣味にしても同様で、たとえば釣り好きの人なら、アタリが続く日もあれば、まったく釣れないこともあります。そんなときは潔《いさぎよ》く「今日は納竿《のうかん》」と、その日の釣果《ちょうか》を諦《あきら》めることも必要でしょう。「まだまだ」と続けているうちに、波が荒れてこようものなら、身の安全にもかかわります。
「多少の無理をしても、無茶はするな」という言葉もあります。調子がよければともかく、そうでないときは、おとなしく休む、いっそのこと寝てしまうにかぎるようです。ただし、そうなると大切なのは、ふだんの努力ということにもなりそうです。

［教訓］
調子がいいときは波に乗れ。
そうでないときは、いっそのこと休め。
それを見極《みきわ》める目も養え。

明るいほうに顔を向けなさい
そのうちに
明るい世界が開けてくるのです

「心暗きときは、即《すなわ》ち遇《あ》うところ悉《ことごと》く禍《わざわい》なり。
眼明らかなれば、即ち途《みち》に触れて皆宝なり」
(『遍照発揮性霊集』)

私は長年、病気の患者さんの心の相談の仕事をしています。心の相談なので、その人の心に寄り添って、お話を聞き、アドバイスをするのです。

病気を知らされたとき、患者さんはショックを受けます。そして、たいていの人が、自分のこれまでの行動を振り返り、「何が悪かったのだろう」「何をしたのがよくなかったのだろうか」などと、原因を探し求めようとします。中には「悪いことをしたから、こうなったのか」と考え込んでしまう人もいます。

しかし、医学的にいえば、病《やまい》は遺伝や生活習慣、または食事といった、さまざまな原因が複合的にかかわっていると考えられ、「単独の原因」を特定できるものではありません。

つまり、原因を探し求めようとすることは意味がないのです。

そこで私は、「原因探しよりも、意味を探しましょう」と提案しています。

すると、これまで忙しく仕事を続けてきた人は「働きすぎたから、少し休めという意味かもしれない」「もう少し家族と過ごす時間を増やそうかな」と考え出します。

こうした意味づけは、その人自身のプラス思考につながります。やたらに原因探しをしているよりも積極的に治療に向かえるようにもなります。

これは病気やケガの話にかぎりません。

誰にでも、多かれ少なかれ悩みや苦労があります。それが深刻なものになればなるほど、心は晴れず、気分はどんどん沈んでしまう……。しかし、ネガティブな心の動きをそのままにしておくと、その傾向はさらに加速していきがちです。

空海が残した「心暗きときは、即《すなわ》ち遇《あ》うところ悉《ことごと》く禍《わざわい》なり。眼明らかなれば、即ち途《みち》に触れて皆宝なり」という言葉があります。

気持ちが落ち込んでいたり、よくないことを考えていたりすると、やることなすことすべてが禍を招くようになる。しかし、心を明るくしていれば、出合うものすべてが宝になるといった意味です。

つらいことや悲しいことがあっても、あるいは、そうしたことが続いたとしても、気持ちを切り替えることが大切なのです。

数学の計算で、「マイナスとマイナスをかけるとプラスになる」と学んだことを覚えていますか。ここで数学の授業をするつもりはありませんが、「マイナス同士をかけるとプラス」を思い出すだけでも、少しは気分が晴れるのではないでしょうか。

江戸時代の儒学者である熊沢蕃山《くまざわばんざん》は「憂《う》きことの、なおこの上に積もれかし、かぎりある身の力試《ため》さん」という言葉を残しています。実際に多くの苦労や悲しいことが自分に降りかかることを望む人がそうそういるとは思いませんが、少なくとも熊沢蕃山のチャレンジ精神は見習いたいものです。

さて、空海の言葉は「自分の心が変われば周囲の状況が変わって見えてくる」という解釈もできます。その結果、自分を取り巻く環境までが違って見えてくることにもつながるでしょう。

日々の明と暗とを分けるのは、自分自身の心の持ち方ひとつというわけです。

［教訓］
つらい、悲しい、うまくいかない……。
そんなときだからこそ、明るい気持ちを持つ。
ポジティブな考え方は事態の好転につながる。

静かに座れば落ち着いてきて
心の奥の
大切なことが見えてきます

「ただ禅那《ぜんな》と正思《しょうし》惟《ゆい》のみ」
（『般若心経秘鍵』）

「いそがしい」という漢字は「りっしんべん（心）」に「亡《な》（くす）」と書き、「あわただしい」という漢字は「りっしんべん（心）」に「荒（れる）」と書きます。つまり、「忙」は心を失っている状態、「慌」は心がすさんでいる状態をあらわしているわけです。

あちこち忙しく駆け回る様子をあらわす言葉に「東奔西走」がありますが、急いでいたり、走っていたりでは、落ち着くひまがありません。中には「走りながら考える」という人もいるでしょうが、座ってゆっくり考える時間も必要でしょう。とくに、悩んだり、迷ったり、困ったりしたときには、熟考を要する場合もあるはずです。

私は、病気の方やご家族が、不安や葛藤《かっとう》を乗り越えて、生き生きと自分らしい生活を取り戻すこと。そして、充実した日々を送れるように一緒に考えていく診療を提供する仕事をしています。

以前から、わかっていたつもりですが、改めて痛感したのは「病気になると、人の人生は大きく様変わりする」ということです。たとえば、「なぜ、この病気になってしまったのか」と自問自答の日々を過ごし、失ったものを考えて落ち込む人は少なくありません。

あえて「病気になって何かよかったことはありますか？」と尋ねてみても、多くの人が「そんなもの……あるはずがありません」と答えます。当然の話です。

しかし、心のケアを専門にしている私は、「病気になってよかったこと探し」という療法をおこなっています。この療法をして、病気に対する向き合い方が変わる人もいるのです。

用意する物は一枚の紙とペンだけ。

まず、紙の真ん中にタテ線を一本引き、その線の左側には「悪かったこと・失ったもの」を書いていきます。

「不安で眠れなくなった」「家族に迷惑をかけた」、あるいは「仕事を続けられなくなった」「自信をもてなくなった」など、悲しいものが続くでしょう。

「もうこれ以上は書くものがない」となったところで、今度は線の右側に「よかったこと・得たもの」を書き出してみます。

初めは「よかったことなんてあるかしら?」という顔をしていた人も、しばらく落ち着いて考えているうちに、ポツポツ浮かんでくるようです。

「ゆっくり休息が取れた」「家族の大切さがわかった」「友人の優しさに触れられた」「夫が家事を手伝ってくれた」「子どもたちが頼もしく思えた」……等々。

書き進めていくうちに、表情が変わっていく人も少なくありません。

「よかったことがこんなにあるなんて、意外でした」「悪かったことはすぐにネタ切れで、よかったことはどんどん浮かんでくるから不思議」といった言葉を口にしながら、気がつくと笑顔になっているのです。

空海は、自分を正しく見つめ直すという点について、次のように語っています。

「ただ禅那《ぜんな》と正思惟《しょうしゆい》のみ」

禅那は瞑想《めいそう》や座禅によって精神を集中させること、正思惟は感情に左右されず適切に判断することです。つまり、心の不安を取り除くには、静かに座って、心を落ち着かせなさい。そうしていると、自分の心の奥底に眠っている知恵が湧《わ》いてくるというわけです。

たとえ、逆境にあっても、自分を見つめ直せば、その境遇に意味や価値を見いだせるようになるはずです。

［教訓］
アクシデントやトラブルに見舞われたときこそ、
じっと座って、心を落ち着けてみる。
解決への道筋が、音もなくあらわれる。

人にはそれぞれ
その人その人の考えがある
波長が合わないのは当たり前

「摂持《しょうじ》とは入我《にゅうが》我入《がにゅう》なり」
（『平城天皇灌頂文』）

テレビや雑誌では、芸能人や文化人、あるいはスポーツ選手の結婚や離婚の話がやたらに取り上げられています。出会ってすぐに愛し合ったり、あるいは長い時間をかけて愛を育てたり、さまざまな形でゴールインしたと思ったら、いつの間にか愛を失ってしまう。そんな話がいっぱいです。

愛し合って結婚した（はずの）夫婦でさえも離婚するケースがあるのですから、他人同士が集まる会社や学校、あるいは地域で、波長が合わない人や、どうも苦手《にがて》と思う人がいるのは当然です。ある調査によれば「仕事の悩みの九割は人間関係」と聞いたこともあります。

ただし、めったに会わない相手なら、なんとかその場をしのぐこともできるでしょうが、毎日顔を合わせる上司や同僚となると、かなりやっかいです。

空海は「摂持《しょうじ》とは入我我入《にゅうががにゅう》なり」という言葉を残しています。「摂持」は、すべての生きとし生けるものが仏《ほとけ》の教えを受け入れること、「入我」は自分の中に仏を引き入れること、「我入」は仏の中に自分が入ること。つまり、仏様と自分との一体化には深い意味があるといったところでしょうか。

一体化する相手は仏様とかぎりません。不本意かもしれませんが、その相手は波長が合わない人や、どうも苦手な人という場合もあり得るのです。

ここで考えてほしいのは、苦手な上司がいる場合、なぜ苦手と感じてしまうか……です。たとえば、「経緯を何も説明しないで、『今すぐやれ』と命令する」とか、「きちんと報告書を出しておいたのに、それを読みもせず、『報告はまだか』と怒鳴る」、あるいは「何件もの案件を抱えているのに『あれはどうなった』と聞いてくる」など、いろいろな場面が思い出されるでしょう。思い出すだけでムッとする人もいるかもしれません。

そんなときは、空海の言葉を思い出して、相手の事情をほんの少しだけ思いやってみてください。

先ほどの例でいえば、「すでに経緯を説明したと思い込んでいる」とか、「ただ気が短いだけ」、または「特別に急ぐ案件だと言い忘れた」と、いろいろな理由が考えられるでしょう。

ムッとする前に、相手の状況や立場にちょっとだけ気を回してみれば、意外とすんなり、相手の言動に納得できるのではありませんか。

一見、面倒な話に思えますが、モヤモヤした気持ちが続くよりも、手っ取り早く解決したほうが賢明ですし、時間のムダも省《はぶ》けます。

そもそも上司と部下というのは、たまたま職場で一緒になっただけの関係で、波長が合うなんて、そうそうありません。それが普通だと思えば、気にすることもないでしょう。

ただし、気をつけてほしいのは「波風を立てず、ただ、相手の言いなりになっていればいい」ということではありません。仕事で意見が対立したときは、きちんと自分の考えを話さなければいけません。決して感情的にならず、「こうしたほうがいいと思います」と冷静に自分の考えを伝えればいいのです。

ちなみに、空海の言葉には続きがあり、その意味を現代風に紹介すると、「自分の心と他人の心の区別をなくすとウィンウィンの関係になれる」といったところです。

［教訓］
相手の心の中を推《お》し測《はか》るためには、
自分を相手の状況や立場に置きかえてみよう。
何か「気づき」を見つけられるはずだ。

ときには心の声に
静かに
耳を傾けてみなさい

「五大にみな響きあり」
（『声字実相義』）

病気やケガで入院すると、規則正しい生活を送ることになるでしょう。

病院によって、あるいは患者さんによって異なるのはもちろんですが、起床時刻がほぼ決まっていることに始まり、検温や血圧測定のあとに朝食。午前中にはドクターの回診や検査。昼食後はリハビリだったり、入浴だったり、別の検査だったり……。夕食の前後にも検温や血圧測定があります。そして、消灯時刻もほぼ決まっています。

入院当初は「厳しい締め付け」と思うかもしれませんが、しばらくすると「規則正しい生活もいいものだな」と考える人もいるはず。そして「退院したあとも、きちんとした生活サイクルを維持しよう」「この生活リズムを続けて養生しよう」と決意する人も少なくないようです。これは医師として喜ばしい話で、回復への道に間違いありません。

しかし、退院直後はともかく、しばらくすると、たいていの人は「ま、いいか」となりがちです。中には「頭ではわかっているけど、なかなか行動が伴《ともな》わない」という人もいるのでは。ついつい、わがままになるのが人間なのかもしれません。

退院後、決められたリハビリのメニューがあっても「今日はやりたくない」と思ったり、禁じられている物がどうしても食べたくなったり、逆に食事が進まず残してしまったりと、決められたルールが守れないこともあるでしょう。

入院中でも、退院後でも、つらい検査や治療が続けば、誰でも精神的に落ち込み、ネガティブな感情に支配されてしまうときがあります。

そもそも人間は生身の体と感情を持つ動物ですから「やりたくない」「食べたくない」気持ちを抑え込むことはできません。無理をしたところで、楽しくないし、おいしくないし、決して「いい結果」には結びつかないでしょう。

そんなときは、思い切って休むことも必要かもしれません。もちろん、健康に大きな影響がないことを確認しての話です。

NHKで放送されている「テレビ体操」という番組があります。曜日によってメニューは異なりますが、「ラジオ体操（第一・第二）」「みんなの体操」、ほかにも体の筋肉をほぐす運動や血行促進につながる運動などがあります。たった十分間ですが、毎日続ければ健康的な体を維持できるように思います。その「テレビ体操」でも、「痛みのある人は無理をしない」といったような言葉が画面に出ますから、やはり「無理は禁物」なのです。

空海は「五大にみな響きあり」と言っています。

森羅《しんら》万象《ばんしょう》には真理を語る響きがある。それは大自然が伝える言葉であり、仏が教える言葉であるといった意味でしょうか。しかし、つらいときや苦しいとき、私たちの心は閉ざされてしまい、他人の言葉も、自然の音も、仏の言葉さえも聞こえてこないでしょう。

そこで私は、自分自身の心の声にじっと耳を傾けることをおすすめします。「やりたくない」「食べたくない」というのも、そのひとつですから、一度は素直に受け入れてみる。そうすることで閉ざされた心が開く可能性が出てきます。

もちろん、ドクターや看護師からの指示を無視することはできませんし、厳しく自分を律して暮らすのも素晴らしい生き方ですが、あまりにも厳しい締め付けはかえってストレスにもなりかねません。ときには自分自身の心の声に耳を傾けるのも、長い人生には必要なことだと思います。

［教訓］
自分を厳しく律して生きるのはつらい。
ときには「自分自身の心の声」にも耳を傾ける。
無理は禁物。一度、離れてみること。

ありのままの自分の姿
それを
見せているでしょうか

「覆《おお》えばすなわち長劫《じょうごう》に偽獄《ぎごく》に沈み、
発陳《ほっちん》すれば仏の真容《しんよう》を見る」
(『金勝王経秘密伽陀』)

新入社員研修などで「ホウレンソウは大切」という言葉を教わることがあります。「報告・連絡・相談」のそれぞれの最初の文字をつなげた言葉で、情報共有が組織の中で重要であることを教えたものです。

また、「いい話はあとでもいいが、よくない話ほど早急に」という人もいます。順調にことが進んでいれば問題ありませんが、思わぬアクシデントや予期せぬトラブルが起こった場合は、すみやかに対処しなければなりません。取引先も巻き込むような話であれば、なおさらです。問題を課内で解決できるのか、部内で検討すればすむのか、あるいは全社で対応しなければならないものかなど、さまざまなケースが考えられます。

しかし、人間は弱いもの。都合の悪いことほど、なかなか表に出したがりません。

空海は「覆《おお》えばすなわち長劫《じょうごう》に偽獄《ぎごく》に沈み、発陳《ほっちん》すれば仏の真容《しんよう》を見る」と述べています。

失敗や過《あやま》ちを隠そうとすると、かえって長く地獄に苦しむことになる。むしろ、真実をさらけ出してしまえば、仏様の姿を見ることができるというのですが、それはいわば、心が楽になるということでしょう。

誰にでも、自分をよく見せたい気持ちがあります。他人と会うとき、しかも初対面の相手だったり、大切な人だったりすると、いつもより、ちょっとおしゃれをして出かけるのも、そんな気持ちのあらわれでしょう。言葉づかいもいつもよりていねいになるかもしれません。人によっては、がちがちに緊張するかもしれません。

しかし、何度か会っているうちに緊張もほぐれて、ふだんの自分を見せることができるはず。逆に、いつまでも緊張状態にあると、それが相手にも伝わり、親しくなるのは難しいでしょう。人によっては警戒心さえ抱くかもしれません。必要以上に構えたり、格好つけたりするのは、いわばガードを固めているようなものです。

学生や若い人たちなら合コン、独身の社会人なら婚活パーティーといったように、初対面の人が集まる会合で「モテるのは、イケメンや美女とはかぎらない」という話を聞いたことがあります。

会ってしばらくは、ちょっと気取ったり、すましたりしていても、時間の経過とともに気《き》さくでフランクな態度や楽しい会話になり、自分の失敗談をちょっとした笑い話にして、さらりと話す人が人気者になるのだとか。

恥ずかしい失敗をあえてさらけ出すのは、「あなただから安心して話せる」「あなたには心を開いている」というメッセージになります。

たしかに、相手に自分を理解してもらうためには、いいことも悪いことも含めて、ありのままの姿を見せたほうがいいようです。お互いに肩の力が抜けた状態で、「一緒にいて疲れない人」と思えなければ長い付き合いはできません。

仕事も同様で、たとえば自社商品の長所ばかりを話す営業スタッフを信用できるでしょうか。商談の際に、自社商品のメリットとデメリットや、それが新商品だったとしたら、それまでの商品とくらべた長所と短所といった、いい点も悪い点も話してくれる営業スタッフの話を聞きたいと思うのではないでしょうか。

「よくない話ほど早急に」を実行できる人、すなわち、ありのままを伝えられる人こそ信頼できるように思えます。

［教訓］
自分に都合の悪いことを伝えるのは楽ではない。
だが、隠し続けることはできないし、苦しくなる。
ありのままの自分をさらけ出せば楽になる。

大丈夫、大丈夫
あなたは決して一人ではないのです
弘法大師がついています

「同行《どうぎょう》二人《ににん》」

人は誰でも、小さな不安やちょっとした心配事を抱えながら暮らしていますが、ふだんは目の前の雑事に追われ、不安や心配事に気を取られてはいられません。ところが、いつもとは違う何かが起こると、とたんに不安にかられ、心配事に頭を悩ませるようになります。

たとえば、いつもなら難なく仕事をこなしている会社勤めの人でも、幹部の出席する会議で企画のプレゼンをするときや、社長も出席する会議でプロジェクトの内容を報告するとなると、不安どころか緊張の連続となるかもしれません。

学生なら、定期試験で「結果が、ちょっと心配だ」ということはあっても、極度の不安を覚えることはないはず。ところが、就職試験や面接になれば、誰でもあがったり、ドキドキしたりするものです。

もちろん、合格するには自分の実力でクリアするしかないのですから、内に秘めた闘志を燃やす人もいるでしょう。しかし、中には、勇気を振りしぼって試験会場に行ったはいいが、緊張感を通り越して恐怖感にさいなまれたり、自分一人で臨むことに孤独感を覚えたりする人もいるはず。そんな人のために、空海にまつわる「同行《どうぎょう》二人《ににん》」という言葉を紹介しましょう。

空海にゆかりのある四国八十八カ所の霊場を巡礼する人たちがいます。「お遍路《へんろ》さん」です。

空海が人々の災難を除くため、あるいは人々の心の悟りの場として開いた八十八カ所の霊場の第一番札所から第八十八番札所すべてを巡《めぐ》ろうというものです。

現在では、バスや車、バイク、自転車でも巡礼できますが、交通機関が発達していなかった時代は徒歩で巡るほかはなく、四十日から六十日はかかりました。

ちなみに、俳句で「遍路」は春の季語となっています。春を迎えて陽気がよくなってくると、白装束《しろしょうぞく》のお遍路さんの姿が増えてくることが由来のようです。

「風天」という雅号《がごう》で俳句をたしなんでいた「フーテンの寅さん」でおなじみの俳優・渥《あつ》美清《みきよし》さんは「お遍路が一列に行く虹の中」という句を残しています。

さて、お遍路さんのスタイルといえば、白衣、金剛杖《こんごうづえ》、そして何よりも菅笠《すげがさ》がおなじみでしょう。日除《ひよ》けとしても雨具としても役に立つ菅笠ですが、目につくのは「同行二人」と書かれた文字。これは「あなたは決して一人ではない。必ず弘法大師様がそばにいて、あなたを勇気づけてくれますよ」といった意味です。

かつての歩くしかなかった時代に、八十八カ所もの霊場を巡るのは並大抵《なみたいてい》の苦労ではなかったでしょう。数人で連れ立っていたとしても、頼りになるのは自分の脚だけです。つらいとき、苦しいときに「同行二人」という言葉が励みになったことは想像に難くありません。
お遍路さんに弘法大師がついているように、あなたも一人ではありません。会議でプレゼンしたり、報告したりするのは自分一人でも、あなたの後ろには一緒に苦労してきた多くの仲間たちがいるはずです。就職試験を受ける学生にも、これまでに指導を受けた教授や先生、あるいは励まし合ってきた友も大勢いるでしょう。あなたを終始見守る家族は言うまでもありません。決して一人ではないことにあなたは気がつくはずです。

［教訓］
人は一人で生きているわけではない。
あなたのそばには必ず支えてくれる人がいる。
弘法大師がかたわらにいる。

コラム

空海の生涯

空海（弘法大師）はよくエリート僧侶と呼ばれます。なぜでしょうか。

空海は、讃岐国《さぬきのくに》（香川県）の豪族の子として屏風ヶ浦《びょうぶがうら》（香川県善通寺市）で生まれました。幼いころから聡明で、十五歳で、桓武《かんむ》天皇の子の家庭教師をしていた叔父に師事し、歴史や『論語』、書道を学びました。

さらに、十八歳で、官吏を養成する最高機関の大学へ入学。そこではおもに儒教の経典の四書《ししょ》（『大学』『中庸《ちゅうよう》』『論語』『孟子《もうし》』）、五経《ごきょう》（『易経《えききょう》』『書経』『詩経』『礼記《らいき》』『春秋《しゅんじゅう》』）を学びました。これは、当時のエリートたちが必ず学ばなければならなかったものですが、空海の知識欲は満たされませんでした。

ところが、在学中に一人の僧侶から、「虚空蔵求聞持法《こくうぞうぐもんじほう》の真言《しんごん》を百万回唱えられれば、すべての経文《きょうもん》を暗記して、意味を理解できる」と教えられました。そこで学校を飛び出し、阿波《あわ》（徳島県）、土佐《とさ》（高知県）、吉野（奈良県）で厳しい修行をしたのです。そして、この修行中に出家を決意しました。

二十四歳のとき、『三教指帰《さんごうしいき》（仏教に帰依《きえ》したと宣言する書物。儒教、道教、仏教を並べて論じ、どれほど仏教が優《すぐ》れているかを説《と》いた）』を書きました。

いつから「空海」を名乗ったのか、何歳で出家したかについては、いろいろな説がありますが、三十一歳の若さで遣唐使に選ばれた直前と考えられています。

延暦《えんりゃく》二十三年（八〇四）、空海は遣唐使船に乗り込み、遭難や漂着や滞留などの苦難を経《へ》て、その年の十二月に長安の都に入りました。当時の長安は人口百万人を超える国際都市でした。空海は長安の街を歩き回り、ペルシャやアラビアからやってきた商人の姿や、異教「ゾロアスター教」の寺を目にしたのでしょう。

そんな折、恵果阿闍梨《けいかあじゃり》という密教の第一人者と「偶然」に出会います。恵果は長安の青龍寺に住み、代々の皇帝に師と仰がれてきた人物です。偶然といっても、空海の優《すぐ》れた才能や情熱は、すでに弟子たちから恵果に伝えられていたはず。ようするに、この出会いは「必然」だったといえるでしょう。

恵果は、自分の後継を、すなわち密教の正嫡を探していました。千人ほどの弟子がいて、高弟も何人かいましたが、候補を決めかねていたのです。

恵果は初対面の空海に対して笑みを浮かべ、なんと「あなたが長安にいることを知って、会うことがとても待ち遠しかった」と口にしました。

かつては隆盛を極めた密教の衰退を嘆いていた恵果は、事前の情報と第一印象で、空海の傑出した才能を見抜いたのでしょう。

その後、空海はわずか三カ月間で、阿闍梨位の伝法灌頂《でんぽうかんじょう》（人を教え導く師の位にのぼる儀式）を受けました。これは、密教のすべてを修めた者でなければ受けられないものでした。さらに「遍照金剛《へんじょうこんごう》」という名を授《さず》かりました。金剛石、つまりダイヤモンドのように硬く、不変の真実であまねく世を照らすという意味の名です。

そして、恵果はおびただしい数の経典、曼荼羅《まんだら》、仏具などを授け、「早く帰って日本で布教をするように」と遺言しました。

空海は、この遺言を守ろうと、罪を犯《おか》してまでも帰国を決意しました。空海のような留学生は、二十年の留学期間が前提となっていたのですが、それを二年で切り上げての帰国は、当時の規定で、もちろん罪になります。そのため、大同《だいどう》元年（八〇六）十月の帰国後は、入京の許しを得るまで数年間、九州の大宰府《だざいふ》に足止めされたのです。

その後、大同四年に入京して高雄山寺《たかおさんじ》に移り住み、弘仁《こうにん》七年（八一六）には高野山金剛峰寺《こうやさんこんごうぶじ》を開創、弘仁十四年に京都の東寺《とうじ》を預かり、真言密教の道場としました。

さらに空海は、「国の文化を高めるためには、貧富の差なく誰もが学ぶ機会を得られるように」と考え、東寺の隣に「綜藝種智院《しゅげいしゅちいん》」という私学校を建て、仏教や儒教、道教などの授業をおこないました。

やがて死を意識した空海は、高野山を臨終の地に選び、六十二歳の承和《じょうわ》二年（八三五）三月二十一日寅《とら》の刻を入定《にゅうじょう》のときと定めました。そして、その一週間前から一切の穀類を断ち、水分を断ち、体を香水で浄めて結跏趺坐《けっかふざ》し、眠るようにして死を迎えたのでした。

高野山奥の院の「御廟《ごびょう》」では、今でも空海が入定を続け、五十六億七千万年後に弥勒菩薩《みろくぼさつ》がこの世に出現するときまで、人々を救い続けているとされています。そこで、毎日二回、「維那《いな》」と呼ばれる高僧が先導し、数人の僧侶が食事の入った木の箱を届ける「生身供《しょうじんぐ》」という儀式がおこなわれています。

また、空海が修行で歩いた道やとどまった全国各地のさまざまな場所が聖地とされています。とくに、四国八十八カ所は、現在も多くの巡礼者が行き交《か》っているのです。

第二章　前向きに生きる言葉

前向きな心があるか
あれば
奇跡は生まれる

「背暗向明《はいあんこうみょう》」
（『遍照発揮性霊集』）

ある人が、あまりに長く雨が続いていたので、知り合いの気象予報士に「晴れる日は来るのでしょうか？」と尋ねたところ、「これまで、雨があがらなかったことはありません」と言われたそうです。たしかに、あがらない雨はありませんし、朝が訪れない朝も、春の来ない冬もありませんね。

さて「病《やまい》は気から」といいますが、この言葉については、精神科医の私も同感です。明るく前向きな心は回復力を高めることにつながります。反対に、暗くて後ろ向きな心では治癒力《ちゆりょく》を衰えさせてしまうものです。

これは、知り合いのドクターから聞いた話です。

ある高齢の男性が「食事のとき、何かが喉《のど》に引っかかるような感じがした」ということから始まります。最初は気のせいか……と思ったものの、食事のたびに引っかかりがあり、近くの病院で診察を受けましたが、診断は「異常なし」で、男性はひとまず安心したそうです。

ところが、その後も違和感は消えませんでした。ふだんどおりの食事をしているつもりなのに気がつくと、体重も少しずつ減っていきました。不安を抱えて総合病院で検査を受けたところ、ステージⅣの胃がんと診断されたのです。

ショックを受けたのは無理もありません。そして、しっかり診断できなかった最初の病院に対しては怒りも覚えました。

とはいえ、怒っている時間はありません。その男性は総合病院で担当の医師といろいろな話をしているうちに「ここで落ち込んでいたら、きっと病気が悪化するだろう。気持ちを切り替えて、明るく前向きでいることが大切だ」と考えるようになり、積極的に治療に取り組もうと決めたのです。

医師や家族と話し合った結果、放射線治療を受けることになりました。病状はかなり厳しいものでしたが、体調そのものは決して悪くなく、精神的な動揺もほとんど見られませんでした。

治療は順調に進み、高齢者とは思えないほどの驚異的な回復を見せ、三十三回の放射線治療を終えて退院。その後は転移もなく、安心して日常生活を送れるほどになり、本人はもちろん、家族も大喜びだったそうです。

空海は「背暗向明《はいあんこうみょう》」と教えています。人生のさまざまな局面で、闇《やみ》には目を背《そむ》け、光を見つめなさいという教えです。

空海の語る「暗」とは、もちろん物理的な暗闇ではなく、悲しみや怒り、恨《うら》みなどのネガティブな感情を指していると思います。対する「明」は、元気になろう、病気と闘おう、必ず生き抜いてやるといったポジティブな感情でしょう。

物事の暗い面ばかり見ていたら、その先にあるのは絶望や苦悩で、それは降り続く雨のようなもの。つらいときでも明るいほうを向いていれば、夢や希望も湧《わ》いてくるのではないでしょうか。

「病気との闘いは前向きな気持ちが大切」というと、優等生の模範解答と受け取られるかもしれません。しかし、私の経験から言っても、それは理想論ではなく、実際に起こりうる話なのです。

［教訓］
「明るく、前向きに」という言葉は、
理想論でも美辞麗句でもない。
そう考えることで事態を好転させることがある。

つらいこと、
いやなことを忘れるには
とにかく
目の前の仕事に打ち込んでみる

「仏心《ぶつしん》は慈と悲なり。
大慈《だいじ》は能《よ》く楽を与え、大悲《だいひ》は能く苦を抜く」
（『遍照発揮性霊集』）

以前に見たり聞いたりした面白い出来事や、楽しかった経験などが、ふと頭に浮かび、クスッと思い出し笑いをしてしまったことがあるでしょう。笑いと脳のメカニズムについては、まだまだ解明されていない部分も多く残っていますが、少なくとも「笑うことは健康にいい」とわかっています。

笑いによって、脳は緊張状態から解放され、自律神経が整います。また、大きく笑えば深呼吸と同じような効果がもたらされます。

思い出し笑いにしても、脳はリラックスした状態にあるはず。そもそも幸せな気分でないときに、思い出し笑いは起こりません。

反対に、いやなことがあると、あるいは不愉快な出来事を思い出すと、モヤモヤして、そこから離れられなくなってしまうことがあります。誰かから言われたひと言で深く傷つくこともあるでしょう。人によっては、気分が落ち込み、仕事が手につかないほど……となるケースもあるようです。

そういう話を聞くと、私は「とにかく笑ってみてください」というアドバイスを送りたくなります。

脳の働きとして「ひとつのことにしか集中できない」という特徴があります。それを逆手にとって、いやなことから目を背《そむ》けるために利用すればいいのです。たとえ、おかしなことがなくても、とにかく一度笑ってしまえばいいのです。

アメリカの心理学者W・ジェームズと、デンマークの生理学者C・G・ランゲが、ほぼ同じ時期（一八八四～八五年）に発表した情動の理論があります。現在では「ジェームズ・ランゲ説」と呼ばれる「人は悲しいから泣くのではない。泣くから悲しいのだ」というもの。この説からすれば、「人は楽しいから笑うのではない。笑うから楽しいのだ」ということになるでしょう。

とはいえ、「どうしても笑う気分になれない」という人もいると思います。そんなときは、単純作業に熱中することをおすすめします。手先を使ったり体を動かしたりするのが効果的です。

たとえば、洗面台やお風呂場の掃除、窓ガラスを磨いたり、愛車を洗ったり、自転車を整備したりというのもいいでしょう。また、部屋の模様替えや料理などもいいでしょう。そうした作業に熱中していると、あっという間に時間がたち、モヤモヤした気持ちを忘れているはず。しかも掃除した場所や洗った物がピカピカになれば一石二鳥です。

空海は「仏心《ぶっしん》は慈と悲なり。大慈《だいじ》は能《よ》く楽を与え、大悲《だいひ》は能く苦を抜く」と教えています。

わかりやすく説明すれば「仏様はどんなときでも慈悲の心を持っておられ、楽しみを与えてくれるのが慈であり、苦しみから救ってくれるのが悲である」といった意味になります。

楽しいことならともかく、不快なことに自分の心がとらわれているうちは、その苦しみから逃《のが》れられません。それは脳が必要以上に緊張している状態ともいえます。

無理にでも笑ったり、単純な作業に打ち込んだりしてみると、脳の緊張がほぐれて、苦しみを楽に消すことができるのではないでしょうか。

［教訓］

悲しい、苦しい、つらい……そんなときこそ笑ってみる。
それでもだめなら、
何も考えずにできる単純な作業に熱中する。

とりあえず一歩を踏み出してみる
すべては
それから始まるものだ

「妙薬《みようやく》篋《はこ》に盈《み》てども、嘗《な》めずして益《えき》なし」
(『遍照発揮性霊集』)

「できない理由を探すな」という言葉があります。誰が残した言葉かといえば諸説あり、イギリスの政治家・軍人・作家で、首相も務めたウィンストン・チャーチル（一八七四～一九六五年）だったり、実業家・発明家・著述家で、経営の神様と呼ばれた松下幸之助《まつしたこうのすけ》だったり……。いずれにしても、名句・名言として広く知られていることに変わりはありません。

さて、あなたは新しいことを始めようとするときや、リベンジを期して再度チャレンジしようと決意したとき、その日からスタートしていますか。

たいていの人は「せっかくだから新年の一月一日から」や「新年度の四月一日から」とか、あるいは「次の誕生日から」といったように、何かの区切りとなる日からスタートしようと思いがちです。

しかし、ただでさえ落ち着かない年末年始や、慌《あわ》ただしい年度始め、誕生日であれば食事会や飲み会の予定が入るなどして、気がつくとスタートを切るはずだった日から何日かたっていたりするものです。その結果、また次の機会にしようと、結局は先送りになっているのではないでしょうか。

空海はこう話しています。

「妙薬《みょうやく》篋《はこ》に盈《み》てども、嘗《な》めずして益《えき》なし」

たとえ、よく効《き》く薬が箱の中にたくさんあったとしても、それを服用しなければ効果はない。薬をきちんと飲まなければ病気は治《なお》らないというわけです。

じつは、空海が最澄《さいちょう》に送った手紙の中にある言葉で、どれほど優《すぐ》れた教えを理解したところで、それが実践されなければ意味がないと説《と》いています。

ちなみに、最澄は空海から多くの経典を借りたと歴史は伝えています。最初は最澄に快く貴重な経典を貸していた空海でしたが、その後、考え方の違いや、経典が返されなかったことなどから、二人の間に微妙なズレが生じています。さらに、最澄の弟子が空海に弟子入りしたこともあり、やがては決別するようになります。

さて、新しいことを始める話に戻しましょう。スイスの思想家ヒルティは『幸福論』の中で、「何よりも肝心《かんじん》なのは、思いきってやり始めることである。一度ペンを取って最初の一線を引くか、あるいは鍬《くわ》を握ってひと打ちするかすれば、それでもう事柄はずっと容易になっている」と主張しています。とにかく最初の一歩を踏み出すことが肝要という考えでしょう。

私の知人は「何かを始めようと思ったら誰かに宣言するといい」と話していました。

たとえば、「これから毎日一万歩歩く」と周囲の人に言っておけば、そのうちの誰かと会ったときに、「どうですか、歩いていますか？」と聞かれたり、「一万歩はけっこうたいへんでしょう」と言われたりするはずです。中には「私も五千歩を歩くことにしました」という人があらわれるかもしれません。

だから、まずは始めなければならず、さらに始めたら続けないわけにはいかなくなってきます。周囲の反応は、いい刺激にも励《はげ》みにもなるというわけです。

「思い立ったが吉日《きちじつ》」「善は急げ」ともいわれます。いつか始めようではなく、やると決めたら、思い切ってすぐにスタート。とにかくやってみることが、すべての始まりといえるでしょう。

［教訓］
頭ではわかっていても、なかなか行動に移せないのが人間。
最初の一歩を踏み出すのは難しいが、
思い切って始めれば、何かが起きるだろう。

怒りで腹を立てたときにも
まず許す心を持ってみませんか

「冬天に暖景無くんば即《すなわ》ち梅麦《ばいばく》何を以《もっ》てか華《はな》を生《しょう》ぜん」
(『遍照発揮性霊集』)

列車に乗り遅れたと駅員を怒鳴りつけている人、スーパーのレジで店員に向かって大声を張りあげている人……。いわゆる「キレやすい人」が増えているとメディアが伝えていますが、検証・追跡してみると、乗客の間違いだったり、買い物客の勘違いだったりするケースが多かったそうです。そうしたクレーマーには高齢者が少なくなく、「これも老害のひとつではないか」と報道されていました。

怒りには、その人の心のありようがあらわれます。たとえば、同じ事態に遭遇したとしても、心おだやかな人は、やたら怒ったりはしません。仮に列車が遅延しても「では、どうすればいいのか」と考えるでしょう。

反対に、心がかたくなな人は、些細《ささい》なことにも腹を立てて相手を責めます。レジの打ち間違いでもあれば騒ぎ立て、その結果、まわりの人から「何もそこまで」と冷たい目で見られたりするのです。中には、直接は自分と関係がないのに、ちょっとした失敗を目にすると怒りを爆発させる人もいるそうです。

しかし、どんなに騒いだり怒ったりしたところで、その出来事そのものをなかったことにはできません。だとすれば、「どうしたら、一番いい形で解決できるのか」を考えて行動したほうが賢明です。

朝廷に対して、空海が筆を取った文があり、その一説には「冬天に暖景無くんば即《すなわ》ち梅《ばい》麦《ばく》何を以《もっ》てか華《はな》を生《しょう》ぜん」とあります。

これは、ある僧が罪を犯《おか》したことについて空海が許しを請《こ》う書の一部で、「冬の厳しい寒さの日々に、暖かい日が少しもなかったら、梅や麦はどうして花を咲かせることができましょうか」と書いています。ようするに、「厳しさの中にも許しは必要でしょう」と訴えているわけです。

この言葉には前段があります。

「春生じ秋《しゅうさつ》殺するは天道の理《ことわり》なり（春に芽吹き、秋に枯れるのは天の道理です）罪を罰し功を賞するのは王者の常なり（罪を罰して功績をほめるのは王者の常道です）」

ここまでは、誰もが納得できる言葉でしょう。しかし、ここで終わらないのが空海の空海たるゆえん。「然《しか》りと雖《いえど》も（とはいっても）」と続けてから、「冬天に暖景無くんば即ち梅麦何を以てか華を生ぜん」としているのです。

人間は、ロボットでもなければ機械でもありませんから、その日の体調もあれば、そのときどきの感情もあります。もちろん、小さなミスをすることも。そうしたしくじりを怒りの対象にすることは、いかがなものでしょうか。

そもそも、感情をむき出しにするのは品性を欠き、見苦しいものです。さらに怒りは相手を傷つけるばかりでなく、自分自身をも傷つけます。怒らないことこそ自分自身にとって、もっとも理想的な対処法だといえるのです。

「パワハラ」という言葉が広まり、最近はあまり見かけなくなった光景かもしれませんが、かつてのオフィスでは、上司が部下を大声で叱《しか》ったり、ときにはデスクをたたいて大きな音を立てたりする場面がよくありました。叱られている人だけでなく、周囲の人も委縮してしまいますし、何より職場の雰囲気が悪くなります。

もしイライラしたら、ひと呼吸おいて少しでも冷静になってみる。そうすれば、「相手を許そう」という心も生まれてくるのではないでしょうか。

［教訓］
ムカッとしてもイライラしても、まずは、ひと呼吸。
冷静さを取り戻せば、怒りはおさまり、
「許そう」という気持ちが生まれる。

この世で
大切な人を亡くした悲しみ
それは耐え難いもの
さて、どうしますか

「朝夕涙を流し、日夜に慟《いたみ》を含むといえども、
亡魂《ぼうこん》に益なし」
(『遍照発揮性霊集』)

生きていれば、さまざまな出来事があり、嬉《うれ》しかったり、幸せを感じたり、悲しみにくれたり、腹が立ったり……と、それぞれの人が、それぞれの感情とともに日々暮らしています。

失恋や離婚で愛していた人と別れ、不幸のどん底に落とされたような気持ちになる人もいるでしょう。それでも、その相手が元気で生きているとすれば、いつかまた、どこかで出会えるかもしれません。

しかし、大切な人との死別となると、もう二度と会うことがかないません。落胆のあまり、とても今までどおりの生活などできないと、嘆《なげ》き悲しむ人も少なくないようです。食事が喉《のど》を通らず、十分な睡眠を取れずに、体調を悪くするケースもあります。

しかし、どんなに嘆いても、亡くなった人は帰ってきません。残された人には酷《こく》なアドバイスかもしれませんが、この先も健康でいたいのなら、できるだけ以前と同じような生活リズムで暮らすことです。とはいえ、それまではいつも二人で食事をしていたとすれば、一人で食べてもおいしくないかもしれませんし、簡単にすませてしまうかもしれません。

「食事の支度《したく》がおっくうだ」という気持ちもわかります。

そんなときは、故人の好物だった料理をつくりながら、生前の様子を思い出してみてはいかがでしょうか。「悲しみから逃れたい」と無理に忘れようとしても、かえって記憶がよみがえるばかり。忘れようとすればするほど、忘れられなくなるものです。それならば、いっそのこと、いろいろと思い出して、懐《なつ》かしんでほしいのです。悲しみの感情は、ピークに達すると徐々に下がり出し、やがて収まっていきます。これは決して薄情なわけではなく、そもそも人間の感情は、いい意味で、ある程度いい加減なものだからです。

天気のいい日に、かつて一緒に歩いた散歩道をたどってみたり、お気に入りだった歌を口ずさんでみたり、いつも楽しみにしていたお笑い番組を見て笑ったり……。そうやって故人との日々を振り返ってください。

「朝夕涙を流し、日夜に慟《いたみ》を含むといえども、亡魂《ぼうこん》に益なし」

これは空海の言葉で、折々に涙を流し、日ごと夜ごと悲しんでいても、亡くなった人への供養《くよう》にはならないというのです。

この教えからすれば、亡き魂の供養のためには、残された人が悲しみから立ち直り、健康で平穏に暮らすほうがいいのです。残された人が元気でいるほうが、あの世に旅立った人は喜ぶのではないでしょうか。

放送作家、作詞家、ラジオパーソナリティーとして活躍した永六輔《えいろくすけ》さんは「人の死は、二度ある」という言葉を残しています。一度目は「医学的な死」、そして二度目は「その人のことを誰も思い出さなくなったとき」だそうです。誰かが、亡くなった人のことを思い出してくれるのなら、思い出した人の心の中に、亡くなった人が生きているというわけです。
死別の相手は、愛する人や親友、お世話になった上司や恩師のように、人間だけとはかぎりません。家族のようにかわいがっていたペットの死を受け入れられず、ペットロスになってしまう人もいます。しかし、どれほど愛情を注いで育てても、あるいは、病気になったペットに手厚い治療をほどこしても、命あるものはいつか死を迎えます。空海の教えのように、残された人が元気でいることが何よりの供養になるのです。

［教訓］
大切な人を失ったことは大きな悲しみだが、
残された人がその後の人生をしっかり歩むことこそ
故人に対する何よりの供養になる。

人は誰も
何も持たずに
この世に生まれてきたのです

「虚《むな》しく往《ゆ》いて、実《みち》て帰る」
（『遍照発揮性霊集』）

「自分探しの旅」がもてはやされた時期がありました。学生なら休学し、世界各地へ旅行に出かけたり、社会人なら勤めが終わってから専門学校やカルチャーセンターで資格試験の講座を受けたり、語学を学んだりする人たちがいました。

それまで、あまり疑問を持たずに勉強してきて、大学に入学したり、安定した企業に就職できたりしても「何かしっくりこない」と違和感を覚え、自分がほんとうにやりたいことは何かを求めての行動だったのでしょう。

「虚《むな》しく往《ゆ》いて、実《みち》て帰る」

これは空海の言葉で「虚往実帰」という言葉であらわされることもあります。なんのあてもないまま行き、大きな実りを得て帰るという意味で「実て」は「満ちて」に通じるという解釈もあります。

空海にとって「満ちた」のは、唐《とう》から日本に持ち帰った数多くの経典であり、また、唐で師から学んで身につけた仏の教えや、土木建築、料理などの豊富な知識だったでしょう。

空海は三十一歳のときに遣唐使船に乗り、嵐に遭うなどの困難を乗り越えて、唐に渡りました。一説には、四隻で船出したものの、唐まで航海できたのは、空海の乗った船と、最澄の乗った船の二隻だけ。一隻は日本に引き返し、もう一隻は行方不明になったと伝えられています。空海の人生に、ことあるごとにかかわる最澄が一緒だったのも何かの縁でしょう。それはともかく、当時の船旅は命がけだったのです。

上陸後、空海は当時の都・長安《ちょうあん》に行き着きました。長安といえば、世界中の文化や思想、大勢の人や、さまざまな物が集まる大都市。しかし、その時点で空海はまだ、まったく先の見えない状態だったようです。

大きな転機になったのが、師と仰いだ青龍寺の名僧・恵果阿闍梨《けいかあじゃり》との出会いでした。

「あなたがこちらに来るのを待っていましたよ」と空海を迎えてくれた恵果は、空海に真言《しんごん》密教のすべてを授け、布教に努《つと》めるようにと告げたのです。

もちろん、空海自身の努力や精進《しょうじん》があったことはいうまでもありません。しかし、この恵果との縁がなければ、空海が密教の正統な継承者として、心を大いに充実させて日本に帰ってくることはなかったでしょう。

そもそも私たちは、オギャーと生まれたときは、何ひとつ持っていません。成長するうちに、勉強したり、音楽を聴いたり、スポーツで体を鍛えたり、あるいは人や社会とかかわったりしていきます。その中で、さまざまなものを得たり、ときには失ったりと、学びながら人生という日々を過ごしていくのです。

今、なんのために生きているのか。自分の人生の目的は何か。そう問われて、明確に答えられる人は、その道を進めばいいでしょう。しかし、それをまだ見つけていない人は、自分探しをしてみませんか。
命がけで海を渡らなくても、コロナ禍の中を通学しなくても、今ならインターネットで出合えるかもしれませんし、本を読むことでも見つけられるはずです。それをきっかけに、多くの人生経験をしてほしいと思います。これが生まれてきた意義と考えると、未知への航海を恐れてはいけないでしょう。

［教訓］
行くときは、何もない状態であったとしても、
素晴らしい人と知り合い、学べば、
帰るときには、人生が充実したものになっている。

決意はすぐにもできそうですが
あなたは
それを続けられますか

「信心《しんじん》とは、決定堅固にして、
退失なからんと欲《ねが》うがための故《ゆえ》に、この心を発《おこ》す」
(『三昧耶戒序』)

ある人が、親友から「ダイエットを始めた」と聞かされたとき、思わず口にしたのが「えっ、また！　何度目？」だったそうです。もちろん、その人に悪気はなく、親友だからこそ言える言葉だったのでしょう。

たしかに、私のまわりにもダイエットを繰り返す人がいます。ダイエットをする人は、「今度こそ」と思いながらも、つい食べすぎたり、つまみ食いをしたりで、気がつくと挫《ざ》折《せつ》しているようです。あるいは、一度は成功しながら「自分へのご褒美《ほうび》だから」と以前の食生活に戻ってしまい、結局はリバウンドして、またしてもダイエット……となるようです。

スポーツジムに通ってトレーニングに励んだり、プールで泳いだり、ジョギングを始める人もいます。でも、「体を動かしたあとのビールは格別。食事もおいしい」と、せっかく運動で消費したカロリー以上の飲み物・食べ物を摂取していては、ダイエットにはなりませんね。

「禁酒リピーター」も少なくありません。二日酔いで苦しい朝を迎えたときは「もう酒はやめた！」と言っておきながら、その日の夕方には「軽く一杯、飲もうかな」となっている始末……。

煙草《たばこ》についても同じで、一説によると、喫煙者のうちの六十パーセント以上が禁煙に挑戦したことがあるそうです。しかし、成功率は約十パーセントにすぎず、多くの人が煙草をやめようと思ったものの、やめられなかったということです。

現在は、医学的に裏付けされた禁煙方法がいくつもあり、正しいやり方で続ければ、かなりの確率で成功すると思うのですが、禁煙の成功率があがらないのはどうしてでしょうか。

察するに「禁煙はしたいが、病院には頼りたくない」「あまり厳しくはやりたくない」などと考えている人がたくさんいるのでしょう。

空海は教えています。

「信心《しんじん》とは、決定堅固にして、退失なからんと欲《ねが》うがための故《ゆえ》に、この心を発す」

仏様を強く信じて疑わず、決してあと戻りなどしないと誓《ちか》う心、これを信心だというのです。

仏教では、元の状態に戻らないことを「不退転」と表現します。仏道修行に励み、あと戻りしないことから来ている言葉です。一般的には、何事にも屈せず、あるいは誰かに屈服することなく、固い意志を貫き、信念を曲げないことをいいます。

政治家が、大きな改革をなそうというときなどに「不退転の決意で取り組む」と使うことがありますが、さて、これまで、そう発言した政治家の「その後」は、どうだったのでしょうか。

ちなみに不退転の対義語は「退転」。「不」がつかないだけという、あまりにも当たり前の話ですが、日ごろ「退転」という言葉にはなじみがないように思います。

「退転」の語源も、やはり仏教とかかわっていて、「修行によって得た境地を失い、低い境地に転落すること」。転じて、前よりも悪くなることもいいます。

［教訓］
こうしたい、こうなりたいという目標を達成させるには、「あと戻りしたくない」という強い意志を持ち、自分を信じてひたすら前に進み続けてみる。

コラム

仏教の開祖

■最澄　日本天台宗
日本の天台宗《てんだいしゅう》の開祖で、伝教《でんぎょう》大師《だいし》と呼ばれる最澄。天平《てんぴょう》神護《じんご》二年（七六七）に近江《おうみ》（滋賀県）で生まれ、幼時から記憶力豊かで、学問を好んだといいます。十三歳で出家し、十九歳で前途有望な東大寺の官僧（正式の僧）になりましたが、すぐに比叡山《ひえいざん》に上り、十二年もの修行に入りました。

入唐は三十八歳で、延暦《えんりゃく》二十三年（八〇四）七月に肥前（長崎県）田浦《たのうら》から出帆《しゅっぱん》。この遣唐使節団には空海もいましたが、船団は嵐に遭《あ》い、空海の乗った船は福州《ふくしゅう》（福建省）に漂着。最澄一行は空海が漂着した福州より北の明州《みんしゅう》（浙江省《せっこうしょう》）に着きました。

その後、最澄は天台宗聖地の天台山で教えを授かり、密教・禅・戒律を学んで、翌年に帰国します。比叡山にもどった最澄は、桓武《かんむ》天皇に招かれ、天皇の病気治癒《ちゆ》を祈願。その功績で天台宗を開くことが認められ、比叡山に延暦寺を建立《こんりゅう》したのでした。

その教えの特徴は、「すべての人間が成仏《じょうぶつ》できる」という「一切皆成《いっさいかいじょう》」という考え方にあります。「特定の条件の人間だけが成仏できる」という諸宗と対立したのです。

仏教には「顕教《けんきょう》（顕《あら》わになった教え）」と「密教《みっきょう》（奥深い秘密の教え）」があるとされますが、それらを総合した教えも、天台宗の特徴でした。貴族層の支持を集めて興隆し、法然《ほうねん》はじめ親鸞《しんらん》、道元《どうげん》、日蓮《にちれん》ら鎌倉新仏教の指導者は、みな比叡山で学業を積んだのです。

■法然　浄土宗

平安末期からは、源氏と平家の争いや天変地異が多くあり、人心は乱れ、民衆を救済する新しい教えを説く仏教があらわれました。

最初に登場したのが法然。美作国《みまさか》（岡山県）に生まれ、比叡山に学びました。善導大師の教え「一心に念仏を唱えると極楽《ごくらく》浄土を約束される」によって、凡夫《ぼんぶ》でも救済される道を知ります。そこで、「念仏」を広めようと四十三歳で比叡山を下り、浄土宗を開くと、ひたすら念仏を唱える「専修念仏《せんじゅねんぶつ》」の教えを慕って、親鸞をはじめ多くの学徒が集まったのです。

それに反発した延暦寺の圧力によって、七十五歳で四国に配流《はいる》されますが、のちに許されて京都にもどり、その翌年に亡くなります。

■親鸞　浄土真宗

法然の「専修念仏」を受け継いだのが親鸞です。公家の日野《ひの》家に生まれ、九歳で比叡山に出家。堂僧（修行僧）でしたが、「雑行《ぞうぎょう》を棄《す》てて本願に帰す」という理由で、二十九歳で比叡山を下り、法然の下で修行しました。

そのきっかけは、京都・六角堂で聖徳太子（救世《くぜ》観音《かんのん》の化身）から夢でお告げを受けたためと伝えられています。法然に連座して越後《えちご》（新潟県）に配流《はいる》されましたが、僧侶の身で妻帯し、当時の仏教界に、とてつもない衝撃を与えました。越後への配流が解けても京にもどらずに、関東で布教をおこない、六十二歳で京へ上りました。

「善人なおもて往生をとぐ、いわんや悪人をや」で有名な語録『歎異抄《たんにしょう》』では、「悪人正機説」を展開。親鸞は、「自分が阿弥陀仏を信心したと思った時点で往生が決まるもの」と教えました。

「衆生《しゅじょう》の救済は、阿弥陀仏《あみだぶつ》のはからい。衆生からのはからいは不要」といいます。ようするに、「阿弥陀仏の慈悲にすがると、仏様のほうから救いに来てくださるものだ」という「他力本願」を説いたのです。

■日蓮　日蓮宗
安房国《あわ》（千葉県）で生まれた日蓮は、十二歳で「仏教を学びたい」と寺に入り、十六歳で出家、天台宗の僧になりました。鎌倉、比叡山、高野山《こうやさん》などで修学するうちに、仏教はブッダの教えなのに、宗派はいくつも存在するのはなぜかと疑いを持ち、「法華経《ほけきょう》こそ真の仏教」と確信し、日蓮宗を開きました。

布教の最大の特徴は、念仏信仰を非難した点でしょう。そして、「法華経の信仰にもどらなければ国を救えない」と断じ、法華経の加護を祈って「南無妙法蓮華経《なむみょうほうれんげきょう》」と唱えることを説きました。

そして、鎌倉幕府に平和の実現を説く『立正安国論《りっしょうあんこくろん》』を伝えたのです。しかし、幕府は日蓮の教えは邪教だと弾圧し、伊豆《いず》（静岡県）や佐渡《さど》（新潟県）へ配流しました。

日蓮は、法華経こそが絶対なものとし、ひたすら「南無妙法蓮華経」と唱え、浄土宗のように来世ではなく、現世で救わなければならないと説いたのです。

第三章　迷いが消える言葉

どうにもならない
そんなときがある
一度、考えるのをやめてみよう

「心病衆《おお》しといえどもその本《もと》はただひとつ、
いわゆる無明《むみょう》これなり」
（『十住心論』）

ドラマや映画、小説などで、平凡な家庭を突然の悲劇が襲ったり、順風満帆《じゅんぷうまんぱん》だったエリートビジネスマンが突然、大きな壁に行く手を阻《はば》まれたりするシーンがあります。フィクションの世界ほど劇的でなくても、生きていれば思いもよらないトラブルに直面するケースはあるでしょう。事実は小説よりも奇なり、という言葉もあるとおりです。

ピンチを何度も経験していれば、多少なりとも「心の免疫《めんえき》」ができているかもしれません。しかし、それまで平穏無事に過ごしてきた人が大きな問題に遭遇したり、突然、つらい出来事に見舞われたりすると、大きなショックを受けます。気持ちの整理がつかず、混乱する人もいるでしょう。

私は、つらいことがあったら、できるだけ何も考えず日々を淡々と過ごせばいいとおすすめしています。緊急事態ならともかく、そうでなければ、性急に解決しようとしないで、まず落ち着くことが必要と考えるからです。

数日が過ぎ、一週間がたち、二週間を越えるころには「つらくて耐えられない」と思った問題でも、不思議なことに、たいていは乗り越えているのではないでしょうか。

「何をどうしていいか、わからない」と、ただただ困惑していた人も、なんらかの解決の糸口が見えているはずです。

昔の人は「時薬《ときぐすり》」という言葉を使いました。どれほどよい薬を使ったとしても、多くの病気やケガは、たった一日で治すのは難しい。でも、一刻を争う手術が必要ならともかく、ちょっとした傷なら、時間がたつうちにかさぶたができ、下に薄皮があらわれてきて、そのうちに治っているものです。

心の傷も同じで、つらいことがあっても、淡々と日々の暮らしを営み、時の流れに身を任《まか》せてみるのが、心の傷を癒《いや》す最善の方法でしょう。

傷を無理に消そうとしないで、「今日なすべきことを予定どおりに淡々とこなせばいい」と考えれば、落ち込みから解放されるはずです。

空海には、こんな言葉があります。

「心病衆《おお》しといえどもその本《もと》はただひとつ、いわゆる無明《むみょう》これなり」

無明とは、心の中が真っ暗になっている状態。いわば、自分自身を見失っているわけですから、正しい判断などできるはずはありません。

つらいことがあったり、問題が起きたりして、迷いや不安を感じているときは、一度、考えるのをやめて、心を真っさらにすることです。そのためには、一日を淡々と過ごし、夜になったら、さっさと寝てしまうのもいいでしょう。

トラブルや悲しみから目をそらせるのではなく、問題から逃げるわけでもなく、「しばらくの間、ちょっと横に置いといて……」という方法です。

もし、気持ちが落ち着いてから考えても「やっぱりつらい」「名案が浮かばない」のであれば、もうひとつアドバイスを。

人生には、いくつもの可能性が潜《ひそ》んでいます。ひとつの方法がダメでも、別の手立ては必ずあるはず。「これはきっと、自分自身の新しい可能性を探し出すチャンスに違いない」と考えてみてはどうでしょう。その方法は、また明日から考えればいいのではないでしょうか。

［教訓］
つらい、悲しい、困った……。
その渦中にあると、解決の糸口は見つかりにくい。
冷静に物事を考えれば、必ず光明は見えてくる。

プラスにできるか、
マイナスにしてしまうか
それはあなたの心次第だ

「強弱他に非《あら》ず、我が心能《しんよ》くなす。
この義知らざれば、自他倶《とも》に労す」
(『遍照発揮性霊集』)

新入社員が上司に声をかけるときに「課長」と言おうとして、つい「先生」と言ってしまったり、小学一年生なら「先生」と呼ぶつもりが「お父さん」、あるいは「お母さん」と呼んでしまったり……というのは、「新入社員あるある」「新入生あるある」の一例でしょうか。周囲の人に笑われて恥ずかしい思いをし、本人は逃げ出したくなる気持ちかもしれません。しかし、自分が思っているほど、他人はあなたのことを気にしていません。ちょっとした言い間違いなど、気にする必要はないのです。

人によっては、仕事でささいなミスをしたり、上司や同僚から注意されたりすると、へこんでしまい、「まわりのみんなに、自分は仕事ができない人間だと思われたに違いない」と不安になってしまうこともあるようです。そんなことを気にしていたら仕事に集中できず、またしてもしくじるという悪循環に陥《おちい》ってしまうでしょう。

でも、「あれくらいのミスは誰にでもあるもの。同じミスをしなければいいんだよ」と励まされれば、どうでしょうか。ホッとして元気になるはず。さらに「それにしても、あのときの君は、驚きのあまり、目がテンになっていたな。かわいそうだったけど、思わず笑ってしまったよ」と言われれば、へこんでいたこと自体が、ばかばかしく思えてくるでしょう。

空海はこんな話をしています。

「強弱他に非《あら》ず、我が心能《しんよ》くなす。この義知らざれば、自他倶《とも》に労す」

「強弱」は「正しいか、正しくないか」とも解釈されます。つまり「いいか、悪いか」を判断するのは自分自身の心であるということ。周囲の目など気にせず、気持ちをしっかり持つことが大切で、そうでなければ「自他倶に労す」、すなわち「自分も他人も疲れてしまう」というわけです。

こんな話もあります。営業部のある若い女性社員は、はきはきした物言いと明るい笑顔が持ち味。しかし、肝心の契約がなかなか取れず、営業成績は低空飛行でした。上司には「君は、元気だけは一人前どころか、二人前以上あるのだが……」と言われ、落ち込んでいたそうです。「次々に契約を成立させてくる同僚からは、きっと馬鹿にされているのだろう」と悩んでもいました。

成績を気に病《や》んでいたせいか、彼女は交通事故に遭ってケガの治療のため、一週間の入院生活を強《し》いられました。「ただでさえ成績が悪いのに、まわりの人たちに取り残されてしまう」と入院中は気が気でなかったそうです。

ところが、お見舞いに来てくれた上司から、意外な言葉を聞きます。

「いやー、君がいないと、課内が妙に静かでねぇ。活気がなくて、みんなの仕事のモチベーションがイマイチだ。早く元気な顔を見せてくれよ」

退院し、職場に復帰した彼女は、これまでの不安やストレスから解放されていました。これまで以上の明るさ、元気さで仕事に取り組めるようになり、営業成績も次第にあがっていったそうです。「自分は馬鹿にされている存在ではなく、部内を明るくし、活力の源《みなもと》になっている存在」と思えたことで、自信が持てるようになったからでしょう。

もし失敗しても、落ち込んだままではいけません。反省すべきことは反省し、改善すべきことは改善し、自分が正しいと信じる方向に進むしかないのです。それでも不安がつきまとうなら、周囲の人に相談してはどうでしょう。不安や迷いは自分の心の内で起こることだと知って、自分の心に縛《しば》りつけられないようにしてください。

［教訓］
あなたが思うほど、他人はあなたを気にしていない。
失敗しても、すみやかに軌道修正すればいい。
くよくよしていては、自分も他人も疲れるだけだ。

失敗を悔やんでみても
どうにもしかたのないこと
これからの糧《かて》にすればいい

「愚に於《お》いては毒となり、智に於いては薬となる」
（『声字実相義』）

新しいことへのチャレンジや、未知の分野への挑戦には勇気が必要です。もちろん、ワクワク・ドキドキの高揚感や期待感も伴《ともな》い、やりがいや生きがいにもなります。

「新しいことをやれば、必ずしくじる。腹が立つ。だから、寝る時間、食う時間を削《けず》って、何度も何度もやる」

これは、本田《ほんだ》技研工業を設立した、バイク王の本田宗一郎《そういちろう》氏の言葉です。

チャレンジが成功したり、思いどおり、あるいは予想以上の成果を得られたりすれば、大きな喜びとなります。

しかし、うまくいくとはかぎらないのが「新しいこと」です。失敗すれば、誰でもへこたれたり、腹が立ったりするもの。でも、そこでやめてしまったら、それまでの苦労が水の泡《あわ》。本田宗一郎氏は「失敗をエネルギーに変えて、やり方を改めて、再度チャレンジすればいい。何度も挑戦していれば、必ず突破口が見えてくるはずだ」と口にしています。

空海の教えに「愚に於《お》いては毒となり、智に於いては薬となる」があります。

同じことが起きても、愚かな人にとっては毒になり、賢い人にとっては薬になるという意味でしょう。

たとえば、失敗したときに、愚かな人は「ただの失敗」としか考えられません。そこから何かを学んだり、原因を探ったりすることができないのです。それでは、その後も似たような失敗を繰り返します。あるいは、失敗を恐れるあまり、新たに挑戦する気持ちを失ってしまうかもしれません。

しかし、失敗にもなんらかの意味はあるのです。そもそも人生は、成功の連続だけで歩み続けられるものではありません。すべてが順調に行く時期もあれば、一難去ってまた一難というときも、挫折の連続という日々もあるでしょう。「人生、山あり谷あり」とは、よくいったものです。

失敗に懲《こ》りて「もうやめた」と、すぐに諦《あきら》めてしまう人がいます。でも、そのときは逃げることができても、その後、また別の難題に見舞われるかもしれません。

また、いつまでも「あのとき、もう一度チェックしておけばよかった」とか、「あの話をもっとしっかり聞いていれば、みんなに迷惑をかけなかったのに」など、自分の失敗を引きずっている人もいますが、これも問題です。どんなに自分を責めたところで、すんでしまったことは元に戻せませんから。

一方、賢い人は失敗したときこそ、「そこから何かを学ぼう」と前向きに考えます。失敗の体験を今後に生《い》かそうとするわけです。それは本田宗一郎氏のような技術者にかぎった話ではなく、どんな失敗も、その後の人生で役に立つということです。

「成功の秘訣《ひけつ》は、成功するまで続けることだ」と、パナソニック創業者の松下幸之助氏も語っています。

このように、同じような失敗に対しても、まるで反対の見方、とらえ方ができるのです。アメリカの企業では、成功経験が多い人間より、失敗経験が多い人間を採用するところがあるそうです。失敗を数多く経験している人を採用すれば、失敗を未然に防げると考えてのことでしょう。

「失敗は成功のもと」というように、失敗を経験しているのは、大きな財産といえるのではないでしょうか。

［教訓］
取り返しのつかない失敗でもなければ、
失敗そのものは問題にされないこともある。
そこで立ち止まってしまうほうが問題なのだ。

モヤモヤしたり
イライラしたり
心の乱れをどう解決するか

「もろもろの妄想《もうそう》無くば、唯心《ゆいしん》清浄なり」
（『一切経開題』）

人生は選択の連続です。転機を迎えたときばかりでなく、たとえば、朝食に何を食べようか、どの服を着て出かけようか、空模様があやしければ傘《かさ》を持って行こうか、持たずに出ようか……考えたり迷ったりしながら、毎日を過ごしています。

選んだ答えは自分自身で決めたことですが、あとになって「やっぱり、別のほうがよかったかな」とモヤモヤしたり、ちょっと後悔したりすることもあります。傘を持たずに出たら雨に降られた。あるいは、せっかく持ってきたのにまったく降らず、一日中持ち歩いて疲れただけ……となると、「まったく、もう」とイライラしたりするかもしれません。

相手があることなら、なおさらです。待ち合わせの時刻に遅れてきた、貸してもらえるはずの本を忘れてきた、ランチをごちそうしてくれると約束したのにドタキャンされたなど、真剣に怒るほどではないけれど、けっこうムッとしたり、かなり不愉快な気持ちになったりするでしょう。

しかし、自分自身のモヤモヤや相手に対するイライラが消えないと、それこそストレス以外の何物でもありません。

空海は「もろもろの妄想《もうそう》無くば、唯心《ゆいしん》清浄なり」と教えています。この「妄想」は、あらぬ考えや、よからぬイメージではなく、「どうにもならない過去を悔《く》やんだり、不満を抱え続けていたり、どうなるかわからない将来を憂《うれ》いたりすること」と考えるとわかりやすいでしょう。「雑念」と言いかえてもいいかもしれません。

人間は悶々《もんもん》と悩みがちですが、空海は妄想を捨て去れば、すがすがしい心になれると説《と》いているのです。

「そんなこと、わかっている」という人もいるでしょうから、私なりの「妄想を振り払う方法」をふたつ紹介しましょう。

まずは「香《こう》」です。

仏教では、お香は汚《けが》れを祓《はら》い、心身を清めるために用いられてきました。香りは人間の感覚を鋭敏にし、邪念を取り除き、厳《おごそ》かな気持ちにさせてくれるものです。仏壇用のお線香も、心を落ち着かせる香りを漂わせますが、それ以外の室内香も効果があります。白檀《びゃくだん》や杉の香り、百合《ゆり》の香りなど植物性の香りは、高ぶった気持ちをリラックスさせてくれるのです。

現代では、植物から抽出《ちゅうしゅつ》した香りの成分を使って、心身の不調を改善したり、リラックスを促《うなが》す「アロマテラピー」という自然療法が注目されていて、医療や福祉の現場でも採り入れられています。香りによって効能が変わりますが、自分の好きな香りをかぐと気が鎮《しず》まり、ストレスが緩和されるはずです。

もうひとつはお風呂。忙しい人はシャワーですませがちかもしれませんし、若い人の中には、シャワーは朝浴びるという方もいるでしょう。しかし、心身の一日の疲れを取り、リラックスするためには入浴が効果的です。温浴効果で手足の末梢《まつしょう》神経が拡張し、血行を促進し、関節や筋肉は柔軟になります。当然、リラックス効果があり、ストレス解消につながります。時間に余裕がある人には、半身浴もおすすめしたいところです。

お風呂にゆっくりつかれば、あなたの心にある数々の妄想＝雑念は、取るに足らないことに思えてきて、すがすがしい気分になるでしょう。

［教訓］
モヤモヤやイライラは日々の暮らしにつきもの。
その日のうちに、そうした雑念を消してしまえば、
翌日は、きっと素敵な一日が待っている。

お金は持ちたいもので
も執着してはいけない

「財を積まざるを以《もっ》て心とし、
法を慳《おし》まざるを以て性《しょう》とす」
（『遍照発揮性霊集』）

「私は実業家でありながら、大金持ちになることを好まない」と語ったのは、日本の資本主義の父とうたわれる渋沢栄一《しぶさわえいいち》です。NHK大河ドラマ『青天を衝《つ》け』の主人公として覚えている人もいるでしょう。

幕府時代には「最後の将軍」徳川慶喜《よしのぶ》のもとで働き、明治維新後は大蔵省に入省して新しい国づくりに奔走《ほんそう》しました。退官後に五百以上もの会社を設立したのですが、それらは現在、王子製紙、日本郵船、東京電力、東京ガス、JR東日本の一部になっています。また、現在の東京証券取引所、東京商工会議所の設立にも尽力しました。

さらに東京市養育院院長を五十年以上も務めるなど、社会福祉事業にも大きな足跡を残しています。

「金の欲望にはきりがないものだ。無一文の者は十万円を貯蓄したいと望み、十万円ある者は百万円が欲しくなり、百万長者は一千万、一億と、どこまでいっても果てしない」と思っていた渋沢は、貯畜も大切だが、貯《た》めておくだけでは、お金の真価を発揮できない。どう生《い》かすかが重要だと考え、そのひとつが社会福祉事業だったのでしょう。

空海の言葉に「財を積まざるを以《もっ》て心とし、法を慳《おし》まざるを以て性《しょう》とす」があります。

「財貨を蓄積しないことを信条として、仏法を伝え広めるのに力を惜しまないことを大事にした」という意味です。

実は、この文には前段があり、「貧を救うに財を以てし、愚を導くに法を以てす」と書かれています。「貧しい人を救うためには財貨を使い、庶民を導くためには仏法を用いた」という意味で、前段後段のいずれもが、空海の師である恵果阿闍梨《けいかあじゃり》の人となりをあらわしているとされています。そして、この文は、恵果が亡くなったときに、石碑に刻む言葉として空海が書いた物の一部と伝えられています。

さて、動物には欲望をコントロールする機能が備わっているようです。というのも、たとえば、獲物《えもの》を仕留めたライオンは、満腹になると、それ以上は食べようとしません。その残りをハイエナが食べ、さらにその残りを鳥がつつく。こうして仕留められた獲物は、ほかの動物の生命になっていくというサイクルが成り立っています。

ところが、人間の欲望にはかぎりがありません。何かをひとつ得れば、もっとたくさん欲しくなったり、あるいは別のものを欲しがったり。食べ物にしても、お腹《なか》いっぱいでも「これは別腹」などと言いながら、つまんでいる人もいます。健康のためには「腹八分目」だというのに……。

そして、これはお金についてもいえそうです。多くの人がお金を得ることに熱心です。

もちろん、一生懸命に働いて、その対価を得るのは正しいし、素晴らしいことです。「人生百年時代」となれば、たしかに、ある程度の蓄《たくわ》えは必要でしょう。しかし、どれほど財産を蓄えたところで、あの世には持っていけません。

中には「子どもや孫のために」という思いがあるかもしれませんが、西郷隆盛《さいごうたかもり》の「子孫に美田を残さず」という言葉もあります。

もし、余裕があるのなら、恵果や渋沢栄一のように、世の中のために使う、たとえば社会福祉事業に寄付するのもいいかもしれません。

二〇二四年（令和六）度から、新しい一万円札の肖像として渋沢栄一が登場します。お金は貯めるものではなく、うまく活用するものだという声が聞こえてきそうです。

［教訓］
まっとうに働いて、正当な報酬《ほうしゅう》を得るのは素晴らしい。
しかし、お金や財産に執着しすぎて、
大切なものを忘れないように生きたい。

過ちがあれば
素直に謝ってしまう
その勇気こそ大事です

「懺悔《さんげ》の力をもってすみやかに不善《ふぜん》の網《もう》を絶つべし」
（『大日経開題』）

仕事をテキパキとこなす人がいます。判断を下すときは、必要な情報を多方面からキャッチし、それを的確に分析し、結論を導き出す能力に長《た》けているのでしょう。しかし、仕事を手早く進めるからといって、そういう人は気が短いかというと、必ずしもそうとはかぎりません。

一方で、やたらと気の短い人がいます。ちょっとでも相手がまごついたりしていると、「モタモタするな」と叱《しか》り、ときには「遅いというのは、それだけで失格だ」などと怒鳴ったりします。ところが、そういう人にかぎって、全体像を見誤ったり、肝心なポイントを見落としていたりして、結果的に軽率な判断をすることもあり、うっかりミスを犯《おか》すこともしばしばです。落語でいえば、「粗忽者《そこつもの》」でしょうか。となると、それまで、しょっちゅう「遅い！」と叱られていた人に、「あなたのほうが、よっぽど、そそっかしいね」と逆に笑われそうです。

さて、粗忽者でも、テキパキと判断を下す人でも、誰でも思わぬ失敗をすることはあります。そんなときは、どう対処するかが問題です。具体的にいえば、すぐに「すまなかった」と謝れるかどうかでしょう。

空海は「懺悔《さんげ》の力をもってすみやかに不善《ふぜん》の網《もう》を絶つべし」と話しています。過ちを認め、それを改めることができれば、悪い網《あみ》を切って逃《のが》れられるといった意味です。

「懺悔」というと、自分のおこないを悔《く》いて、教会の神様の前で告白するイメージがあるかもしれませんが、キリスト教だけでなく、仏教にも「懺悔」はあります。ただし、キリスト教では「ざんげ」ですが、仏教では「さんげ」と、言い方は異なります。

「網」とは、縦糸と横糸を編んでつくった魚などを獲る道具ですが、ここでいう網は、一説には、煩悩《ぼんのう》の縦糸と、迷いの横糸で編まれた物とされています。

その不善の網に捕らえられてしまった人は、魚が網から逃げられないのと同じように、あがいても、もがいても、にっちもさっちもいかない状況に陥ってしまうわけです。その状況から脱するには、つまり、不善の網を断ち切るためには勇気が必要で、それこそが懺悔の力だというわけです。

たとえば、社内でなんらかの問題が発生し、その原因が上司の間違いだったとして、上司が「認めない、謝らない」いう態度をとっていたら、部下からの信用を失うでしょう。

とはいえ、誰もがすぐに「すまなかった」と言えないのが現実。中には「そう簡単に謝れるか」という頑固《がんこ》な人や、「わかってはいるが、素直に謝れない」という意地っ張りもいるでしょう。

そんな人たちのために、ちょっとした知恵を授《さず》けましょう。

たとえば、「言いすぎてしまい申しわけなかった」とか、「大きな声を出して失礼しました」というように、核心には触れずに、小さな点を謝ってしまう方法です。謝罪の言葉を伝えるだけで、少なくとも相手にあなたの気持ちは伝わるでしょう。

「謝るのはストレスだ」「謝ったら負けだ」と考える人もいるようですが、内心で自分が悪かったと思い、モヤモヤした気分を抱え続けているほうが、よほどストレスになります。そのために心のエネルギーが無駄に消耗《しょうもう》されてしまうのですから。

繰り返しになりますが、間違いをしたときにもっとも適切な策は、思い切って自分から謝ることです。

［教訓］
間違いを認めるのは勇気がいる。
しかし、謝らずにいていいことは何もない。
謝ることでストレスもためずにすむ。

人の話に
いちいち左右されるな
「ぶれない気持ち」で暮らしなさい

「南斗は随《したが》い運《めぐ》れども、北極は移らず」
(『秘蔵宝鑰』)

夜空の星を見上げることはありますか。忙しくてそれどころじゃないという人もいるでしょう。大都会に暮らす人では、街の灯《あか》りが邪魔をして星はまるで見えないかもしれません。それでも、しし座流星群やおうし座流星群などの活動時期、あるいは皆既月食《かいきげっしょく》の起こるタイミングになると、多くのメディアで取り上げられ、天体ショーを楽しむ人も少なくないはずです。

さて、小学校の理科で「北極星は動かない」と教わったことを覚えていますか。北極星は、北の空に輝くこぐま座にあり、ラテン語で「極」をあらわすポラリスと呼ばれます。

厳密にいえば、北極星は微妙に動いています。つまり「ほぼ動かない」というのが、科学的には正しいのですが、昔の船乗りや旅人に、北の方角を知る重要な目印とされていたことに変わりはありません。

「南斗は随《したが》い運《めぐ》れども、北極は移らず」という空海の言葉があります。ここにある「北極」とは北極星のこと。それが「移らず」というのは、一カ所にとどまり、動かない様子をいっています。対比されている「南斗」は、北極星よりも南にある多くの星で、それらは時間の経過とともに位置を変えていきます。

空海は、心が揺れ動いて右往左往する人を南斗と言いあらわし、常に動じない人を北極星にたとえたわけです。もちろん、北極星のように生きなさいという教えです。

たしかに、多くの人が他人の目や耳を気にします。そのため、自分らしく生きようと思っていても、よほど強い意志がなければ流されてしまいがちです。

ビジネスの場で、担当を引き継ぎ、先方に挨拶に行ったとします。「よろしく頼みますよ」と、にこやかに言われたのに、あとで「前任者はもっと気がきく人だった」と言われたとしたら……。しかも、直接言われたのなら、「今後は努力しますので、よろしくお願いします」と言えるとしても、人づてに聞いたとなるとショックを受けるでしょう。

女性の場合なら「後任はオンナ?」と、平気で口にする人もいるようです。昨今は「SDGs（国連が推奨する「持続可能な開発目標」）」のひとつに「ジェンダー平等を実現しよう」もあり、表向き問題発言はずいぶん減ってきたようですが、それでも「担当が女性では話が進まない」と言われる事例が、いまだになくならない現状もあるようです。

もちろん、男女にかかわらず、担当を引き継いだからには投げ出すわけにはいきません。前任者のやり方を学びながら、どこかで自分らしさをアピールしていくしかないでしょう。

しょせん、他人の評価など、勝手で曖昧《あいまい》なものです。いちいち気にして心を乱し、つらい思いをしていたら、平常心を失い、ストレスにさいなまれることになりかねません。他人の意見を素直に聞き入れることは大切ですが、それに振り回されて右往左往することはありません。

北極星は明るさで言うなら、「二等星」になります。等級が低いほど明るくなるので、目印には「一等星」の方がよいと思う方がいるかもしれませんが、北の目印は北極星であり続けました。なぜ、二等星の北極星が北の目印になったかといえば、周囲に動かない星がなかったからです。

孤高の存在なのか、運がいいのかはともかくとして、北極星は周囲の星に影響されることなく、自分のいるべき位置にとどまり、ひたすら輝き続けています。ぶれない心を持ち、今のポジションで頑張り続けることが大切なのです。

［教訓］
孤高を気取ることはない。
ただし、ぶれない心を持って、
今のポジションでベストを尽くすことが大切。

嫉妬《しっと》はやっかいなもの
どれだけ抑えられるだろうか

「嫉妬の心は彼我《ひが》より生ず。
もし彼我を忘るれば即《すなわ》ち一如《いちによ》を見る」
(『金剛般若経開題』)

「嫉妬」というと、すぐにイメージするのは男女の関係かもしれません。しかし、恋愛にかぎったものではなく、ビジネスシーンや学校、あるいはスポーツの舞台にも嫉妬はつきものです。

たとえば、職場です。後輩が大きな契約を受注したのをきっかけに昇進して「年下の上司」になったり、学校の部活で下級生にレギュラーポジションを奪われたりしたら、誰だって嫉妬するでしょう。プライドを傷つけられたと悔しく思うかもしれません。

学校の勉強で、自分なりに一生懸命やったのに成績が振るわなかったら、成績上位の同級生を妬《ねた》ましく思うのも嫉妬のひとつです。

テレビ番組でセレブと呼ばれる人たちの暮らしぶりが紹介され、広くて大きなお屋敷、超一流の調度品、高価なドレスやアクセサリー、そして高級レストランのような豪華な食事を見れば、うらやましく思い、嫉妬心が生まれることもあるでしょう。

人間の感情の中でも、嫉妬はとても厄介《やっかい》なものです。感情には、それを表面にあらわすことが許されたり認められたりするものと、抑制せざるを得なかったり、表に出すのがはばかられたりするものがあり、嫉妬は後者の代表といえそうです。

空海は、嫉妬について、つぎのように語っています。

「嫉妬の心は彼我《ひが》より生ず。もし彼我を忘るれば即《すなわ》ち一如《いちにょ》を見る」

「彼我」とは他人と自分とを分けることを意味します。相手と自分とは違う人間だと思って比較するから嫉妬心が生まれるというわけです。そして、そんな対立を忘れれば、「相手も自分も同じようなものだ」とわかると教えているのです。

空海は、この世のすべてのものが、本質的には仏様と一心同体だと説いています。他人と自分を分別することを忘れれば、「一如」（真実の姿）が見えてきます。

ところで、この言葉には続きがあります。

「一如を見れば即ち平等を得る。平等を得れば即ち嫉妬を離れる」

相手と自分とが同じような人間だとわかれば、平等な世界になる。平等な世界になれば嫉妬心などなくなるということです。

「でも、あまりに違いすぎて……」と、相手との差を嘆く人がいるかもしれません。しかし、仕事で大きな成果をあげたビジネスパーソンも、注目の大会で活躍した選手も、トップの成績をおさめた学生も、誰もが一人の人間であることに変わりはありません。それぞれに、悩みがあったり、心配事を抱えていたり、他人にいえない問題と苦闘していたりするものです。湖面を優雅に進む水鳥が、水面下で足をバタバタと動かし、一生懸命に水をかいているのと似たようなものかもしれません。

もちろん、嫉妬心をまったく持たない人はいないでしょう。また、嫉妬心が必ずしも悪いとはかぎりません。ときには役立つ場合もあります。

ただし、嫉妬心のままではいけません。嫉妬心を「何くそ、頑張るぞ。次は必ず勝つ」という闘志に切り替えてしまえばいいのです。

相手の存在によって、自分の心があおられるわけですから、自分一人で「頑張ろう」と思ったときよりも、強いモチベーションになるでしょう。

［教訓］
相手と自分との違いにこだわるから嫉妬が生まれる。
同じ人間に変わりはないと考えれば、
嫉妬心は消え、心おだやかになれる。

コラム

四国八十八カ所お遍路

「お遍路《へんろ》」とは、弘法大師空海が修行したといわれる四国の八十八の札所《ふだしょ》を訪ねること。その行程は約千四百キロにも及び、「すべて巡《めぐ》ると煩悩《ぼんのう》が除かれ、弘法大師の功徳《くどく》を得られる」とされています。

目的は人それぞれで、供養《くよう》、健康祈願、自分探しの旅などいろいろです。野や山の自然に癒《いや》されながら、弘法大師の足跡をたどるのがお遍路です。

その旅のスタイルは、道中衣の「白衣」、法衣《ほうえ》の「輪袈裟《わげさ》」、弘法大師の化身とされる「金剛杖《こんごうづえ》」、魔除《まよ》けの「持鈴《じれい》」、そして頭には「菅笠《すげがさ》」となります。

スタートは徳島で、第一番の札所の霊山寺《りようぜんじ》から、高知、愛媛、香川に入り、最後が大窪寺《おおくぼじ》となります。札所は「発心《ほっしん》の道場」とされる徳島の一番から二十三番、「修行の道場」とされる高知の二十四番から三十九番、「菩提《ぼだい》の道場」とされる愛媛の四十番から六十五番、「涅槃《ねはん》の道場」とされる香川の六十一六番から八十八番となりますが、一度に回る数や順番は自由。

①「順打ち」は一番から順に参ることで、一般的な巡路。
②「逆打ち」は八十八番から逆に巡ること。うるう年に参拝すると順打ち三回分のご利益《りやく》があるとされます。
③「通し打ち」は一度に八十八カ所を巡ること。「歩き遍路」だと約一カ月半の所要日数。
④「区切り打ち」は、区間を決めて何回かに分けて巡礼する。

巡礼は、徒歩のほか、車や自転車でもよく、列車やバス、タクシーの利用も大丈夫。お遍路ツアーも盛んです。

季節としては、暑くも寒くもない春秋がおすすめになります。宿泊には宿坊も多数あり、もちろん、民宿、旅館、ビジネスホテルも利用できます。

目ぼしい札所を紹介しておきます。

■霊山寺　第一番札所
八十八カ所巡りで「一番さん」と呼ばれ、徳島県鳴門《なると》市にある。インドの霊山を移す意味で名づけられたといわれ、遍路を始めるためのお説法が受けられる。
■太龍《たいりゅう》寺　第二十一番札所

大師が百日の山岳修行をした場所で、「西の高野《こうや》」とも呼ばれる。本堂に、大師が刻んだ虚空蔵菩薩《こくうぞうぼさつ》が安置されている。

■薬王寺《やくおうじ》　第二十三番札所
徳島県では最後の札所。厄除《やくよ》けの寺として知られる。大師が四十二歳のとき、平城上皇《へいぜい》の勅命で厄除けの薬師如来《やくしにょらい》を刻んで本尊とし、歴代天皇の勅願所として栄えた。

■金剛福寺《こんごうふくじ》　第三十八番札所
足摺岬《あしずりみさき》を見下ろす丘に立つ四国最南端の札所。岬の先の大海原《おおうなばら》に、観世音菩薩《かんぜおんぼさつ》の浄土・補陀洛《ふだらく》の世界を見た大師が、ときの帝《みかど》である嵯峨《さが》天皇に奏上し、伽藍《がらん》を創立した。刻んだ千手観音像《せんじゅかんのん》を安置したとされ、歴代天皇や源氏一門の武将に崇拝されてきた。

■観自在寺《かんじざいじ》　第四十番札所
愛媛県で最初の札所。一番札所の霊山寺からもっとも遠くにあり、「四国霊場の裏関所」と呼ばれる。

■石手寺《いしてじ》　第五十一番札所
愛媛県松山市で四国随一の文化財数を誇る寺。広い境内《けいだい》に、国宝に指定された仁王門ほか、重要文化財の本堂、三重塔、鐘楼《しょうろう》などがある。遍路の元祖といわれる平安期の豪農である衛門三郎《えもんさぶろう》の伝説の石を納めている寺としても有名。

■雲辺寺《うんぺんじ》　第六十六番札所

四国遍路でもっとも高い、標高九百二十七メートルの雲辺寺山の山頂近くにある札所。弘法大師は十六歳のころに、善通寺《ぜんつうじ》の建材を求めて初めてこの山に登り、その後、二度も登ったといわれる。

■善通寺　第七十五番札所

和歌山の高野山《こうやさん》、京都の東寺とともに弘法大師三大霊跡のひとつ。真言宗善通寺派の総本山。唐から帰った大師が自らの誕生地に建立《こんりゅう》。

■大窪寺　第八十八番札所

四国八十八カ所の最後の札所。大師が唐の恵果阿闍梨《あじゃり》から授かった錫杖《しゃくじょう》を納めて、八十八カ所の霊場を巡り終える「結願《けちがん》」の地となった。遍路の金剛杖を奉納することもできる。

第四章　自分を磨く言葉

言うだけだったら
誰でもできる
動かなければ意味がない

「能《よ》く誦《ず》し能く言うこと鸚鵡《おうむ》も能く為《な》す。
言って行わずんば何ぞ猩々《しょうじょう》に異ならん」
（『秘蔵宝鑰』）

なんとも立派なことを言っているわりに、自分ではたいしたことをしていない……そんな人が周囲にいませんか。

「不言実行」という言葉がありますが、その正反対で「有言不実行」と言われそうな人です。ちなみに「有言実行」という言葉は「不言実行」から派生したもので、辞書によっては載っていないこともあるそうです。

「言うは易《やす》く、おこなうは難《かた》し」ということわざのとおり、言ってはみたものの、いざ実行しようとすると、けっこうたいへんなことは、日常生活でも少なくありません。しかし、「口にはしたがそれっきり」というのでは、無責任、不誠実と非難されても反論できないでしょう。

誠実の「誠」という漢字は「ことば＝言」と「成＝完成していて安定している」という文字が組み合わされてできていて、きちんと整った様子が想像できます。一説には「言ったことを成す」から「誠」という漢字になったともいわれています。

空海は「能《よ》く誦《ず》し能く言うこと鸚鵡《おうむ》も能く為《な》す。言って行わずんば何ぞ猩々《しょうじょう》に異ならん」という言葉を残しています。

「素晴らしい教えもありがたい言葉も、ただ、唱えたり言ったりするだけなら、オウムでもできる。言っただけで行動しないなら、猿とどこが違うというのだろう」という意味です。

オウムが人間の言葉を真似て発音できる鳥というのはご存じでしょう。また、「猩々」は、今でこそ「類人猿」、あるいは「オランウータン」などと訳されますが、唐の時代は「伝説上の獣《けもの》」で、その姿は猿にも人にも似ていて、人の言葉を理解できる、酒好きの獣と伝えられていました。

人の言葉を理解できるとすれば、オウムよりは賢かったのかもしれません。とはいえ、実行できないのであれば猩々と変わらないというのは、ずいぶん辛辣《しんらつ》な表現です。

空海が伝えたかったのは、もちろん「ありがたい言葉を、それこそオウム返しのように唱えることは誰でもできる。その教えを実行に移さなければ意味がないのだ」という話でしょう。

空海は、唐に渡って仏教を学び、日本に伝え、多くの著書を残しましたが、それだけではありませんでした。

書の名人であったことは有名ですし、日本に墨や筆のつくりかたを伝えたのも、日本初といわれる私立学校を設立し、多くの人たちに教育を授けたのも何を隠そう、空海です。

日本に唐の土木技術を伝え、香川県まんのう町にある日本最大の灌漑《かんがい》用のため池と呼ばれる満濃池《まんのういけ》の工事に当たったのも空海とされています。

この地の歴史をひもとくと、ため池は讃岐《さぬき》国（香川県）の国守が作事を手がけ、その後、空海が改修工事に当たったというのが定説のようです。

このように、仏教の教えを伝えるだけにとどまらず、世のために多くのことを成し遂げた空海だからこそ、「言って行わずんば何ぞ猩々に異ならん」という言葉になったのかもしれません。

［教訓］
不言であろうと有言であろうと、
どちらでも、まったくかまわない。
実行できるかどうかで、人の力量が問われる。

苦しみを
十分に知った人には
苦しむ人の心がよくわかる

「自身他身は一如《いちによ》と与《とも》んじて平等なり」
（『遍照発揮性霊集』）

誰もが「自分の好きなように生きてみたい」と思っているでしょう。しかし、「好きなように生きたい」と思っていても、予期しないことが起こるのも人生です。

とてもアクティブだったある女性は、子宮がんになって以来、ひきこもりがちになっていました。四十一歳という若さでしたから、寛解《かんかい》後は、百パーセントではないにしても、ある程度までは元どおりの生活に戻ることを想像していたのですが、すぐには、そうなりませんでした。

話を聞いてみると、「学生時代に母親を子宮がんで亡くしていたので、同じ病気になったショックが大きくて……」とのこと。術後の経過は悪くなかったのですが、「なぜ私がこんなつらい思いをしなければならないのか……」と暗い気持ちになり、とても外出する気になれなかったようです。

そんなあるとき、親しい友人から「がんの人が集まるイベントがあるから参加してみないか」と誘われました。人と会うのを避けていたので、初めは気乗りしなかったのですが、「イベントの運営スタッフが足りないから手伝ってほしい」と言われ、仕方なく同行したそうです。

そのイベントには、がんサバイバー（がんの経験者）が大勢参加していました。最初は隅っこでおとなしくしていた彼女も、共通の体験があるので、少しずつ輪の中に入っていけたようです。参加者の中には、自分より深刻な病状なのに、それを顔に出さず、ポジティブに活動している人が何人もいました。

そして、動くのに不自由している人をちょっと手伝っただけで、「ありがとう」と笑顔を見せてくれます。そういう人たちと一緒にいるうちに、彼女も自然に元気が湧いてきて、イベントがお開きになるころには、その雰囲気にすっかり溶け込んでいたそうです。

その後は、次回のイベント開催のための会議や準備に参加するうちに、日に日に持ち前のアクティブさを取り戻していったのでした。

どんなに強い人でも、病気になると心細くなるものです。そんなときに、正直に気持ちを話したり、寄りかかれる存在があったりすれば、どれだけ心強いことでしょう。

空海は「自身他身は一如《いちにょ》と与《とも》んじて平等なり」という言葉を残しています。

自分も他人も、みな同じようなもので、共に生きている以上、すべて平等な存在だというわけです。すなわち、悩んだり苦しんだり、たいへんな思いをしているのも、自分一人だけではないのです。

逆にいえば、自分一人だけがいい思いをして、わがまま勝手に生きていくことなど、できるはずがありません。もちろん、周囲に気をつかって遠慮ばかりしているのでは、疲れたり、委縮してしまうでしょう。しかし、相手がいたり、周囲に大勢の人がいたりすることを忘れずにいれば、自分勝手な言動などできないはずです。

といっても、相手の気持ちを理解するのは、そう簡単なことではありません。

先ほどの女性は、自分と同じ病気の人に出会う中で、生きる元気を取り戻していきました。つらく苦しい経験をした人同士だからこそ、お互いを理解して、相手の気持ちに寄り添うことができたのでしょう。

久しぶりに会えたときに「病気で苦しんだ自分の経験を他人のために生《い》かしたい」と笑顔で話していたのが印象的でした。

［教訓］
人は、たった一人で生きているわけではない。
つらいことや悲しいことを抱えているのも自分一人ではない。
それを知ると、相手とひとつにつながれる。

悪口を言ってはいけない
自慢はほどほどに

「道《い》うことなかれ人の短《たん》、説くことなかれ己の長《ちょう》」
（『崔子玉座右銘断簡』）

「口はわざわいのもと」をはじめ、「沈黙は金、雄弁は銀」「雉《きじ》も鳴かずば撃たれまい」など、軽率にものを言うことや、おしゃべり、無用な発言を戒《いまし》めることわざや四字熟語は数多くあります。そういえば、松尾芭蕉《まつおばしょう》には「物言えば唇寒し秋の風」という句があり、「人の短所を口にしたあとは、さびしい気持ちがする」と解釈されています。

とはいえ、会社のロッカールームや給湯室で、このような光景を目にしたことはないでしょうか。

「聞いた？　あの人、会社を辞めるらしいよ」

「知らなかった。どうして？」

「取引先とトラブルを起こしたみたい」

「そういえば、同じ部署の人から、いろいろと問題があるって聞いたかも」

本人がいないところで交《か》わされる噂話といえば、悪い話と相場が決まっているもの。しかも、その話に乗ったわけではなく、たまたま居合わせただけでも、「一緒になって悪口を言っていた」と共犯にされてしまうケースも少なくありません。あとで「私は何も言っていません」と釈明しても通用しないのが世の中の怖いところではないでしょうか。

たとえ、その会話に加わりたくないと思っても、あるいは、席を外《はず》したいと思っても、逃《のが》れられない状況もあるでしょう。そんなとき、賢い人は、さりげなく話題を変えてしまいます。まったく別の話に持っていって、その場の空気をスッと変えてしまうわけです。

「道《い》うことなかれ人の短《たん》、説くことなかれ己の長《ちょう》」という空海の書があります。意味は「人の欠点をあげつらうな、自分の長所を自慢するな」で、もともとは、後漢時代の学者である崔子玉《さいしぎょく》（崔瑗《さいえん》）の座右の銘と伝えられています。空海自身も、この言葉を座右の銘としていたとも伝えられています。大切だからこそ、書として残したことは想像に難くありません。

ちなみに、この言葉には続きがあり、ポイントだけ伝えると、「人に施《ほどこ》しをしたことを覚えているものではない」「人の施し受けたことを忘れてはいけない」といった文言が並んでいます。

さて、どこにでも「話の中心になりたがる人」がいます。誰かが話をしていても、それを横取りして自分の話にもっていくような人です。そういう人の話といえば、たいていが自慢話だったり、若いころの武勇伝だったり。たしかに実力はあるのかもしれませんが、常に自分が一番でなければ気がすまない、自分に注目が集まっていないと我慢できない人なのでしょう。相手や周囲がどう思うかなどには、いっさいおかまいなしです。

思い当たる人がいたら、できるだけ他人の話を聞くように努《つと》めてほしいと思います。少なくとも、話し始めた人の話題が終わるまでは、自分の話はしないのがマナーで、しゃしゃり出るのは控えましょう。

といっても、そういう人にかぎって「自分は、そんなことはしていない」と思い込んでいるものですが……。

阿川佐和子さんのエッセイ『聞く力』がベストセラーになったのは十年ほど前でしたが、よくしゃべる人より、相手の話をよく聞く人のほうが好かれるものです。

［教訓］
悪口をいえば、まわりまわって戻ってくる。
自慢話は、尾ひれがついて、とんでもないことになる。
どちらも、自分で自分の首を絞《し》めるようなものだ。

「忙しい」を口にしているかぎり
何も達成などできない

「一塵大嶽《いちじんたいがく》を崇《たか》くし、一滴廣海《いってきこうかい》を深くする」
（『遍照発揮性霊集』）

「急ぎの仕事は、ほんとうに忙しい人に頼め」といいます。一見、矛盾《むじゅん》しているように思えますが、「ほんとうに」というのがポイントで、決して「忙しそうな人」ではありません。ほんとうに忙しい人ほど、時間を有効に使っています。段取りを組み、的確にこなしているわけです。想定外の出来事が起きて、臨機応変に対処することはあっても、行き当たりばったりなどという行動は取りません。

一方、忙しそうな人は、しばしば無理なスケジュールを立て、そのあげく遅れ遅れになり、以降の予定がズタズタに。結果的に、自分だけではなく周囲に迷惑をかけることになりがちです。

また、「何かと忙しくて、やりたいことがなかなかできない」と言う人を見かけることがありますが、ほんとうに忙しいのでしょうか。

そもそも「時間がない」とこぼす人は、プランの立て方や物事の進め方に問題があるように思えます。ふつうの人なら、手順を考え、数分でササッと片づけられる作業を、ああでもない、こうでもないと堂々巡りを繰り返し、三十分も一時間もかかって、ようやく終わらせます。

そういう人にかぎって、四六時中スマホを見ていたり、気分転換に始めたゲームを延々とプレーしたり……。本を読もうとしても、「コーヒーを飲みながらにしよう」「チョコをつまみながらもいいな」などと、本筋から離れたところに時間を使いがちでしょう。せっかくの休みも、必要な物を買いに行ったはずが、そのままフラッと遊びに行ったり、一日中ぼんやりテレビを見ていたりして、「気がつけば夕方」となりがちです。

「一塵大嶽《いちじんたいがく》を崇《たか》くし、一滴廣海《こうかい》を深くする」という空海の言葉があります。空海が高野山《こうやさん》に仏塔を建立《こんりゅう》するための寄付を募る際に認《したた》めた手紙の一部で、塵《ちり》も積もれば高い山となり、わずかな水も溜《た》まれば海になるという意味です。「釘《くぎ》一本、材木ひとつでもいいから喜捨《きしゃ》いただきたい」とも書かれています。「喜捨」とは寺社や貧しい人に喜んで施《ほどこ》しものをすることです。

さて「忙しい、忙しい」を口癖のようにしている人は、空海の言葉にある一塵や一滴を「ほんのわずかな時間」と考えてみてはどうでしょう。ちょっとした「すきま時間」でも有効に活用し続ければ、ある程度まとまった時間になるはずです。あるいは、一日十五分間だけ、読書でも勉強でも、何かひとつのことに時間を割《さ》くのもいいでしょう。

「たった十五分で何ができるのか？」と思うかもしれませんが、「たった十五分」だからこそ価値があるのです。

成人が物事に集中できる時間は五十分といわれています。ただし、五十分間、緊張が途切れないわけではありません。ある研究によれば、ほんとうに集中できるのは十五分で、いったん緊張がゆるんだあとに再び集中力が高まり、さらに十五分間の集中のあとに緊張がほぐれ、また集中力が高まるというサイクルになっています。数分間のインターバルがあっても、さすがに三回も繰り返せば集中力も途切れるため、五十分になるのでしょう。
誰でもつくれる「一日たった十五分」がまとまれば、一カ月でおよそ七時間半。一年では九十時間にもなります。「時間がない」「忙しい」と言っている間にも、数秒が経過しています。こぼす前に、とにかく「一日十五分」から始めたいものです。

［教訓］
「塵も積もれば山となる」はまさに金言。
コツコツと貯《た》めるお金にも、日々努力する学びにもいえる。
現代人は「時間」に置きかえて使えるだろう。

のめり込みすぎている
そんな自分の姿が
はっきり見えますか

「色に耽《ふけ》る飛蛾《ひが》は炎を払って身を滅ぼし、
酒を好む猩々《しょうじょう》は瓮《ほとぎ》の辺《ほとり》に縛せらる」
(『秘蔵宝鑰』)

通勤電車でも、中・長距離列車でも、あるいは新幹線でも、乗客のほとんどがスマートフォン（以下、スマホ）の画面とにらめっこしています。かつてはカシャカシャと音がヘッドホンから漏《も》れているのにおかまいなしの人がいたことからすれば、車内は静かといえば静かですが、なんとも異様な光景に映ります。

駅構内などで「歩きスマホは危険」といったポスターを見かけることもありますが、そもそも歩きスマホをしている人の目に入るはずがありません。

街中では、車を運転しながら、あるいは自転車に乗りながらスマホの画面を見ている人もいます。こうなると「一億総スマホ依存症」とも言えましょうか。

「依存症」というと、アルコール、ギャンブル、薬物、煙草（ニコチン）、ショッピングなどがその代表とされ、現在も、そうした依存症と闘っている人も少なくありません。

じつのところ、誰でもひとつやふたつは何かに依存しているものです。

「一日中、何度もスマホのメールをチェックする」「休日になると、ついパチンコ店に行ってしまう」「飲みすぎて失態を演じてもお酒をやめられない」「何度禁煙しても、やっぱり煙草が恋しくって吸ってしまう」……。あなたも何かに依存していると思い当たるのではありませんか。

仕事熱心な人の場合、「ワーカホリック」と呼ばれるケースもあります。仕事に打ち込むあまり、自身の健康を害したり、家族をほったらかしにして家庭崩壊を招いたりする例もあり、まさに「仕事中毒」です。

空海は、次のように語っています。

「色に耽《ふけ》る飛蛾《ひが》は炎を払って身を滅ぼし、酒を好む猩々《しょうじょう》は瓮《ほとぎ》の辺《ほとり》に縛せらる」

灯《あか》りに誘われて飛んでくる蛾は火の中に飛び込んで身を滅ぼし、酒を好む猩々は酒の壺《つぼ》に手を入れたまま抜けなくなり、捕まってしまうという意味です。

闇夜を飛ぶ蛾が灯りに近づくのは、いわば、動物の本能でしょう。猩々が酒を求めるのも悲しい性《さが》かもしれません。しかし、空海は理性や自制心を備えている人間は、本能のおもむくまま、思慮分別なしに生きてはいけないと戒めているのです。

もちろん、頑張《がんば》って成果をあげれば「自分へのごほうび」もたまにはよいでしょう。それが、お酒でも、高級な服や高価なバッグでもかまいません。ごほうびは、次のステップに進むための励みにもなるはずです。

ただし、自分の健康を犠牲にしたり、支払い能力を超えたりするようでは問題です。

空海の言う、自分から火に飛び込む蛾や、酒壺に手を入れたまま捕まる猩々にならないためには、「ごほうびは何かを成し遂げたあとに。そして、自分自身の身の程《ほど》に合ったレベルで」を守ることが大切でしょう。

蛾はさておき、お酒についていえば、リモートワークが定着したことから、お酒を飲む量が増えたという人が少なくないようです。家で飲むとなれば、当然、帰りの電車の心配はなく、ついつい飲みすぎてしまうのだとか。

こんな飲み方をしていれば、いずれは体を壊してしまいます。これはアルコールだけでなく、ゲームやスマホ依存の場合も同じです。

自分の健康を考え、くれぐれも気をつけてもらいたいところです。

［教訓］
動物や獣が思いのままに行動するのは本能。
理性や自制心に、がんじがらめにされることはないが、
ほどほどをわきまえることが人間には必要である。

せっかく得た知識なら
自分のためだけでは
もったいない

「書を読んで但《た》だ名と財とにす」
（『遍照発揮性霊集』）

大学入試が「受験戦争」と呼ばれた時代がありました。近年は少子化の影響で「大学全入時代」といわれたり、学歴に対する価値観の多様化があったりと、かつてほどの激しい競争は見られないようです。それでも、中高一貫教育の人気校や、有名小学校・幼稚園の「お受験」に熱心な親御さん（もちろん、お子さん）も少なくないでしょう。

世間で名門と評判の小学校、中学校、高等学校に進み、その後、いわゆる一流大学に合格、中央の省庁や大企業に勤め、出世街道をまっしぐら……という生き方を否定するつもりは毛頭ありませんし、大きなお世話ですが、その前半生は、ご本人だけでなく、世のため人のためになっているでしょうか。

省庁に勤めれば官僚の地位争いが始まり、大企業でもライバルのポジション争いがスタートすると聞いたことがあります。優秀な後輩に抜かれる不安も生じるかもしれません。また、希望どおりに就職しても、勉強は続きます。新人研修もあれば専門知識を身につける必要もあるはずです。そうしたとき、自分にとって「これを学べば出世できる」とか、「これはお金儲《もう》けにつながる」とだけ考えて勉強するようでは、空海の憂《うれ》いたとおりと言わざるを得ません。

空海は庶民のために綜藝種智院《しゅげいしゅちいん》という学校を京都に設立しており、教育に対して熱意をもっていたのでしょう。しかし、「書を読んで但《た》だ名と財とにす」とは、「たとえ、どんなに知識を蓄えたとしても、その目的が、出世やお金儲けのためというのでは、なんにもならない」と嘆いた言葉です。

そこで学んだ知識を仕事に活《い》かし、世のため人のために役立つものに結びつけないのは嘆かわしい話だと語っているのです。

留学僧として、荒海を越えて唐に渡り、長安で高僧に師事した空海は、学びを得て、再び危険な海を渡って帰国しました。当時の航海術からすれば命がけといえる旅を経験していることもあって、せっかく学んだ貴重な知識はひとり占めするものではなく、国のため、あるいは多くの人のために役立てたいと考えたに違いありません。

さて、現在の私たちは、自分が得た知識や地位を、どのように活かしているでしょうか。官僚や大企業ばかりでなく、政治家や財界人をはじめ、中小企業の経営者も労働者も、個人経営の店主・従業員も、あるいは医師にしても、要するにすべての人が、私利私欲に走っていては、ギスギスした社会になるのは誰でもわかります。

また、「住民にとって身近な存在である市役所に相談の電話をかけたところ、たらいまわしにされた」という話を聞いたことがあります。これは公務員という安定した身分にあぐらをかいた職員が、市民のことなどそっちのけにしているようにも私には思えます。

空海は「書を読んで」といいましたが、書物から得る知識だけではなく、その人や経験や技術を活かし、後輩に伝えていくことも大切です。そうしたことが親方から若手へと何代にもわたって続けられ、数十年、数百年の伝統を守り続けている職人の世界もあります。

伝統芸能の世界でも、師匠から弟子へと芸は受け継がれていきます。職人仕事にしても、伝統芸能にしても、広く、そして後世に伝えていこうという考え方が根底にあるように感じます。そしてまた、それは、「多くの人々の役に立つように」という職人の気質であり、大勢の人を楽しませたい芸人の気風であり、さらにいえば、その人たちの哲学や思想でもあるといえるのかもしれません。

［教訓］
学びのスタートが自分を高めるためだとしても、
学問・知識を出世・金儲けだけの道具にしてはいけない。
世のため、人のためになれるだろうか。

あなたのやり方は
あなただけのもの
やたら人に押しつけていないか

「各々我は是《ぜ》なりと謂《い》い、
並びに彼は非なりと言う」
(『三教指帰』)

役所や銀行の窓口で、市民や利用者が職員や行員相手に何度も同じ話を繰り返していたり、上司を呼んで来いと言ったり、ひどいときには罵《のの》ったり怒鳴ったりしている姿を目にすることがあります。周囲には「ずいぶん気が短い人がいるものだ」といった顔で、その様子を眺《なが》めている人もいます。

そんなクレーマーの多くは若い人ではなく、どうやら中高年の方のように見受けられ、たいていは「以前はそんなことはなかった」とか、「これまでは通用したはずだ」といった類《たぐい》の話が多いようです。

一般に「年を取ると頑固になる」といわれますが、医学的には、ある程度解き明かされていて、ひとことでいえば「脳の老化」です。加齢によって、他人を理解する能力、自分を理解してもらう能力が低下するというわけです。

コミュニケーションを取るためには多くのエネルギーを必要とします。ところが、それが煩《わずら》わしくなってしまうと、コミュニケーションそのものを放棄してしまうことにつながり、その結果「頑固」といわれる状態になってしまうのです。

時代とともにシステムも制度も、もちろん社会も変化していくものです。固定電話から携帯電話、そしてスマホになり、支払いは現金から電子マネーになり、映像はＤＶＤから配信になりと、生活のさまざまなものが変わっています。便利になった一方で、その変化についていけない人も少なからずいます。クレームをつける人の多くは、時代の変化についていけない人といえそうで、高齢者が多いのは無理もありません。

たしかに、そういう人がいることを無視して進んでいく社会にも問題ありますが、「自分は正しい。対応している職員や行員が間違っている」という主張は、まず間違っています。ついていけないからといって、文句を言うだけでは何も解決しません。職員や行員の話は冷静に聞くべきでしょう。

空海は『三教指帰《さんごうしいき》』の中で「各々我は是《ぜ》なりと謂《い》い、並びに彼は非なりと言う」と語っています。

人間は誰もが「自分は正しい。他人は間違っている」と思い込んでいるものだ。しかし、この世の中のことは、自分の知恵を超えていることが多いのだから、人の話にはもっと謙虚にならなければいけない、といった意味になるでしょうか。

誰かと話していて、「なんとなく話が嚙《か》み合わない」とか「無性《むしょう》に腹が立つ」と感じることはありませんか。そんなとき、さらに「○○したほうがいいよ」「○○すべきだ」などと、相手の意見や方法を押しつけられたとしたら、「うるさい人だな」「大きなお世話だ」と反感を覚えるでしょう。

しかし、逆も真なりで、あなたが自分の考えを相手に押しつけたら、「うるさい人だ」と嫌われかねないわけです。

世の中には、自分とは違う考え方をする人や、異なる価値観で生きている人がたくさんいます。自分だけが正しいと主張したり、それを押しつけたりすれば波風が立つのは当然です。他人の意見をよく聞いて、相手の立場を尊重することは、人間関係の潤滑油といえるでしょう。

［教訓］
誰でも自分の考えを持っている。
それを言うべきときもあるが、
まず、他人の考えを聞く心の余裕は持ちたいものだ。

コラム

空海伝説

空海は高野山を臨終の地とするまでに日本全国を巡っていました。空海の歩んだ道々にはその形跡があり、たくさんの空海伝説が伝わっています。

■独鈷《とっこ》の湯　静岡県
修善寺《しゅぜんじ》温泉の発祥の湯。修善寺を訪れた空海は、桂川《かつらがわ》（修善寺川）で病気の父親の体を洗っている少年の孝心に打たれ、岩盤を独鈷で打つと、熱湯が湧き出して薬湯になりました。その湯につかったところ、父の病はたちまち癒《い》え、以後、温泉療法が広まったといわれます。

■杖銀杏《つえいちょう》　岩手県
空海が携えてきた杖を地面に挿《さ》したところ、杖が成長して大銀杏になったという伝説。樹齢は一千年を超えるほどの老樹で、この木に祈ると乳の出がよくなるといわれます。また、ご神木とされ、落葉の遅い早いによって、翌年の作柄を占ったといわれます。

■硯水《すずりみず》　茨城県

つくば市泊崎《はつさき》にある「泊崎太子堂」は、平安初期に空海が護摩《ごま》修行をしたとされています。この地の「弘法七不思議」のひとつが「弘法の硯水」で、墨をすったと伝えられる湧水があり、この水で字を練習すると上達するとか。また、「長患《ながわずら》いしない」という信仰を受け、「ぽっくり大師」とも呼ばれていましたが、今は縁結びと長寿にご利益があるそうです。

■二度栗　東京都

昔、武州の山の根村に、旅の僧がやってきました。栗を食べている村の子たちに「ひとつめぐんでくれ」と頼んだのですが、食い残しの殻《から》を放られました。次に大きな屋敷を訪ね、「栗をひとつめぐんでくれぬか」と言いましたが、食い残しの殻を投げつけられました。

僧は悲しい顔で、村の外《はず》れの貧しい小屋にやってきました。その小屋では「どうぞ食べて」と栗を差し出されたのです。食べたとたんに、僧は元気になり、「裏山に天の恵みを受けるよ」と言い残して村を出ていきました。その後、不思議なことに、裏山の栗林には、見事な栗が春と秋の二度実り、「多摩の二度栗」と呼ばれたといいます。僧の正体は弘法大師だったそうです。

■飯盛杉《めしもりすぎ》（箸立杉）　東京都

高尾山《たかおさん》の薬王院の門前近くに、天然記念物の樹齢七百年の杉の大木があります。言い伝えでは、大師が山に登って来たとき、途中の並木の一本が枯れ木になっていました。落雷に打たれて枯れたとのこと。

そこで大師が飯盛りの杉の杓子《しやくし》を出し、枯れ木の跡に突き立てたところ、見る間にグングンと杉の木が伸び始め、枯れ木はよみがえって見事な千年杉となったと伝わります。

■遍路の元祖の衛門三郎《えもんさぶろう》　愛媛県

昔、伊予国荏原《えばら》の庄に衛門三郎という豪族がいました。強欲《ごうよく》で、慈悲のかけらもなかったといいます。ある日、その家に旅の僧（大師）が托鉢《たくはつ》に立ちました。衛門三郎は接待どころか、追い返したのですが、翌日も、その翌日もやってきたので、鍬《くわ》で旅の僧に打ちかかり、僧の持っていた鉄鉢《てつばち》は八つに割れてしまいました。

ところが、翌日から衛門三郎の子が次々と死に、八日にして死に果てたのです。さすがの衛門三郎も懺悔《ざんげ》し、たいそうな財宝を社寺や貧しい人に寄進し、四国遍路の旅に出ました。これが遍路の元祖といわれています。

■御蔵洞《みくろど》（御厨人窟）　高知県

室戸《むろと》市に残る伝説の場所のひとつが「御厨洞」。空海の修行時の御住居と伝えられます。青年だった大師が悟りを開いたといわれる洞窟で、内には五所《ごしょ》神社と呼ばれる社《やしろ》がありま す。ここで、虚空蔵菩薩《こくうぞうぼさつ》の化身の輝く星を体内に迎えるという超常的体験をしたのです。

また、洞窟の中から見えた風景が〝空と海〟だったので「空海」の名を得たとされ、横には、おもに修行に使われていたと伝えられる神明窟《しんめいくつ》があります。

第五章　今日を大事に生きる言葉

「今」を大切に生きることです

「始めあり終わりあるは、これ世の常の理《ことわり》、生者必滅《しょうじゃひつめつ》はすなわち人の定まれる則《おきて》なり」
（『大日経開題』）

「人生百年時代」といわれ、就活（就職活動）ならぬ「終活（人生の終わり方の活動）」が高齢者の間で定着してきたようです。その代表格は身辺整理とエンディングノートの作成でしょうか。

エンディングノートの実用性については、いうまでもないでしょう。かけがえのない人を失ったことで、ただでさえ悲しみにくれている遺族にとって、亡くなったことを親戚や知人に知らせたり、通夜、葬儀の手配をしたり、気持ちが落ち着くひまがありません。故人がお世話になった人に知らせようとしても、その連絡先がわからなかったり、そもそも誰に伝えればいいかの判断に迷ったりするケースもあるでしょう。

しかし、故人の生前に葬儀について具体的に相談できない家族は珍しくないと思います。そんなとき、エンディングノートに「亡くなったと知らせてほしい人」や「通夜・葬儀についての考え」が書かれていれば、残された家族は、故人の思いにしたがって、事を進められます。

身辺整理については、こんな話があります。夫に先立たれ、一人暮らしをしている女性がいました。娘さんが一人いますが、結婚して遠方で暮らしています。

娘と、その家族から「一緒に住もうよ」と声をかけてもらったものの、「体が動くうちは一人で暮らしたい」と思っていたそうです。

ある年のこと。健康診断で食道がんが見つかりました。幸いにも早期発見で、内視鏡の治療ですみましたが、これをきっかけに、彼女の生活はガラリと変わったのです。

「人間なんて、いつ死んでしまうか、わからない。しまっておくだけで使わないのはもったいない」と思い、大切にしておいた高価な食器や布団などを引っ張り出し、ふだんの暮らしで使い始めました。それまで使っていた古い物は、かたっぱしから処分です。

「いつか役に立つかも……」と考えて取っておいた物も、思い切って処分。その結果、家の中のスペースが増え、住空間が広くなると同時に、明るくもなったのです。

おしゃれをして出かけるときにだけ着ていた服も、ふだんの外出で着るようにしました。クローゼットで寝かせておいても意味がないと考えたからです。

こうして大事にしまっておいた物を惜しげもなく使うと、生活に張りが生まれてきました。素敵な食器での食事は、いちだんとおいしく感じられます。出先で会った友だちからは「いつもおしゃれな服を着ている」とほめられることも増えたとか。贅沢《ぜいたく》するわけではなく、しまっておいた物を出しただけで、日常生活が明るく華やかになったわけです。

空海は「始めあり終わりあるは、これ世の常の理《ことわり》、生者必滅《せいじゃひつめつ》はすなわち人の定まれる則《おきて》なり」と教えています。

すべてにおいて、始めがあれば終わりもある。どんな人にも死が訪れるのは世のならいという意味です。一説によれば、すばらしい人格者だった女性が亡くなり、その一周忌《いっしゅうき》に、残された息子が悲しみにくれている姿を見た空海が語ったものとされています。

どんな人にも死は訪れる。残された人は、その事実を受け入れて、力強く生きるべきということでしょうか。さらに深読みすれば、すべての人は、いつか必ず死を迎える。だからといって、いいかげんな生き方をしてはならないということではないでしょうか。

かぎりある命をせいいっぱいに生きる。そのためには日々の暮らしを充実させて楽しむことが大切だ。それこそ、空海が伝えたかったことだと思います。

［教訓］
生を享《う》けたものは、必ず死を迎える。
だが、その日までせいいっぱい生きるのが務め。
そのためには、一瞬一瞬を大切にすること。

「今日一日だけ」と思い
頑張りなさい

「禿《かぶろ》なる樹、定《さだ》んで禿なるに非《あら》ず。
春に遇《あ》うときは、即《すなわ》ち栄え華咲く」
（『秘蔵宝鑰』）

「こんなはずではなかった」と悩んだり迷ったりしたことはありませんか。人は不遇が続くと、現実を嘆き、憂《うれ》うる……そんなときがあります。負のスパイラルに入り込んでしまうと、永久にそこから抜け出せないように感じるかもしれません。

大企業で販売業務についていた男性がいます。成績は抜群の上、人望もあり、将来の幹部候補として期待される存在でした。ところが、あるとき病気が見つかり、上司や同僚は引き留《と》めたものの、あっさり退社してしまいました。「これまでと同じようには働けないから」と考えたようです。

入院し、手術後も治療は続いていましたが、彼は落ち着きを取り戻すと、社会復帰を目指し、仕事を探し始めました。しかし、再就職の道は険しく、やむなく派遣社員として働くことになります。

最初のうちは、仕事に没頭しますが、しばらくすると落ち込む日々を迎えます。

「このまま派遣社員を続けても、能力を発揮できる仕事は見つからない。前のような、キャリアアップにつながる仕事に復帰できるだろうか」

そう思い始めると、どんどん暗い気持ちになっていったのです。

そんなとき、ふと見た本の中で「出口のないトンネルはない」という言葉に出合います。

その言葉を手帳に書き留めて、気が沈みそうになると、その文字を見つめたり、口に出したりしたそうです。

効果はほどなくあらわれました。その言葉を見たり、口にしたりするだけで不思議なことに、「いつかは自分が目指す仕事に必ず復帰できる」という希望が湧いてきたそうです。目の前の仕事をひとつひとつこなしていれば、きっと次のステップにつながるはずだと、前向きに考えられるようになっていきました。

「禿《かぶろ》なる樹、定《さだ》んで禿なるに非《あら》ず。春に遇《あ》うときは、即《すなわ》ち栄え華咲く」

これは空海の言葉です。

木の葉がすっかり落ちてしまい、枯れたように見える樹木も、春になれば葉が茂り、たくさんの花を咲かせるという意味で、つらい時期を耐えしのげば、きっといいときが巡ってくるという教えとなります。

朝、目が覚めたら「まずは今日一日頑張《がんば》ろう」と考えて、一日を始めてみませんか。そして、翌日も、その翌日も……と続けていくうちには、きっと「春の訪れ」、あなたの願いがかなう日もくるはずです。

空海が唐に留学する百年ほど前に、劉《りゅう》希《き》夷《い》という詩人がいました。劉希夷に「年年歳歳花相似（ねんねんさいさいはなあいにたり）歳歳年年人不同（さいさいねんねんひとおなじからず）」という詩（「代悲白頭翁」〈白頭を悲しむ翁に代わって〉）があります。日本でもたいへん愛されている詩です。意訳すると、「花は毎年同じように咲くが、人は毎年同じではなく、成長を続けるものだ」となります。唐に渡った空海は、どこかでこの詩を読んでいたかもしれません。

空海の言葉は「増なれる氷、何ぞ必ずしも氷ならん。夏に入るときはすなわち溶け注ぐ」と続きます。どんなに厚い氷も必ず溶ける。夏になれば溶けて流れるというのです。

先ほどの男性が「出口のないトンネルはない」という言葉と出合ったように、自分を励ます言葉を見つけておくと、強く生きられるきっかけになるのではないでしょうか。

［教訓］
誰にでも、つらいとき、苦しいときはある。
それを乗り越えるまで頑張れるかどうか……。
自分自身を励ます言葉があれば強い味方になる。

一歩、また一歩という
学びの心こそ
生きる力の源になる

「医王の目には途《みち》に触れてみな薬なり。解宝《げほう》の人は礦石《こうしゃく》を宝と見る。知ると知らざると何誰《たれ》が罪過《ざいか》ぞ」

（『般若心経秘鍵』）

世の中には「知らなかった」ではすまされないことが多々あります。たとえば、身近で便利な自転車は、道路交通法で「軽車両」に位置づけられていますから、車と同じルールで走らなければなりません。右側通行、一時不停止、スマホを見ながらの運転やイヤホンをつけたままの運転は違反、飲酒運転は問答無用で違反となります。

実際にあった例を紹介しましょう。ある女性が、歩行者用信号機が青になったからと自転車を漕《こ》ぎ出したところ、警察官に呼び止められました。その女性が「どうして？」と尋ねると、「自転車は車の信号に従ってください」とのこと。警察は自転車の違法行為について取り締まりを強化しており、「知らなかった」と言いわけしたところで通用するわけがなく、刑事罰の対象となる、俗にいう「赤切符」を交付されたそうです。

知らないがために、健康を害す、ときには生命にまでかかわることもあります。「きのこ狩りに出かけ、おいしそうなキノコを見つけて食べたら、中毒を起こした」といった話は毎年のように見聞きするでしょう。

空海はこう語ります。

「医王の目には途《みち》に触れてみな薬なり。解宝《げほう》の人は礦石《こうしゃく》を宝と見る。知ると知らざると何誰《たれ》が罪過《ざいか》ぞ」

道端《みちばた》の草を見ても、知らない人はただの草としか見ない。だが、医学の心得がある人なら薬草だとわかる。鉱石を見分けられる人は、ただの石ではなく貴重な石と見抜くことができると説いているのです。

十六世紀から十七世紀にかけて、イギリスの哲学者・神学者・政治家として活躍したフランシス・ベーコンは「知識は力なり」という言葉を残しています。洋の東西を超え、時代が大きく異なっても同じように考える人がいるものです。

知っているのと知らないのとでは、つまり、学んでいる人とそうでない人では、同じように物事を見聞きしても、受け取り方が違ってきます。

「学校を卒業してからは、ものを学ぶ習慣が少なくなった」という人も、「今さら学び直すなんて」という方もいるでしょう。新たに「学ぶ」ために、講座やカルチャーセンターに通うのもよいと思います。ただ、学びの習慣はそれだけではありません。誰にでも「学び」のきっかけはあるはずです。

「学びが大切なのはわかるけど、何を学べばいいかわからない」という人も、たとえば、テレビで料理番組を見たときに、「パティシエになるのが子どものころの夢だった」とか、旅行雑誌の車窓風景を見て、「電車の運転士になりたかった」とか、メジャーリーグの話題に触れたら、「野球選手に憧《あこが》れていたことを思い出した」など、忘れかけていた夢や希望がよみがえるのではないでしょうか。

今からその仕事を目指すのは難しくても、「かつての夢や希望の周辺をちょっと調べてみようかな」という気持ちになりませんか。それは「学びのスタート」だと思います。しかも、他人から与えられるのではなく、かつての自分自身の夢や希望だったとすれば、モチベーションも高まるでしょう。

「学び」の対象を難しい学問や知識と考える必要はありません。もっと重要なのは「学ぼうとする意欲を持ち、それを実践することです。人間は、情熱を持つほど、生きるエネルギーを得られるものなのです。

［教訓］
知識はないよりもあったほうがいい。
だから人は、何歳になっても学ぶべきた。
しかし、知識よりも大切なのは学ぼうとする心だ。

物事を始めたら
その始末まで
しっかりできますか

「始めを合《よ》くし
終わりを淑《よ》くするは君子の人なり」
(『遍照発揮性霊集』)

知り合いが、うらやましさもこめて、あるフレンチのシェフに「毎日、高級な食事を召しあがっているのでしょうね」と聞いたところ、笑いながらこう答えたそうです。

「仕事でつくるのは洋食ですが、私は居酒屋の定食や町中華のラーメンも食べますよ。プライベートで友人の家にうかがえば、彼の奥さんの家庭料理もいただきます」

「シェフに料理を出すとなったら、ご友人の奥さんも緊張するでしょう。よほどおいしい物をつくらないと……プレッシャーでしょうね」

「ええ、たしかに、ちょっと申しわけなく思うときもあります。でも、家庭料理の味は、友人や彼の家族の好みですから。それに、おいしいかどうかは、食べる前におよそ見当がつきます。おいしい料理のつくり手は、つくり終わったときにキッチンがほぼ片づいていますから」

シェフによれば、料理上手の人は、できあがったときに調理台も流しもきれいになっていることが多いそうです。

空海は「始めを合《よ》くし終わりを淑《よ》くするは君子の人なり」と話しています。

「最初から最後まで、しっかりやりとげるのが立派な人である」という意味です。

何かを始めたものの、やりっぱなしにしてしまう……そんな人は少なくありません。日常生活で服や靴を脱《ぬ》ぎっぱなし、使った文房具は出しっぱなし、読みかけの本をどこかにひょいと置いて、次に読もうとしたときに見当たらない。

また、本やDVDなどを人から借りて、そのまま借りっぱなしになっている人もいるでしょう。高価な物であれば忘れないとしても、廉価《れんか》な文庫本や雑誌だと、つい忘れてしまうことがありませんか。お金にしても、数万円などまとまった金額なら覚えていても、百円とか二百円といった小額を借りた場合は忘れがちです。あるいは、返したつもりになっているのかもしれません。こういう場合、貸した側の人は覚えていても、「小銭だし……」と催促《さいそく》しにくいようです。

仕事も同じで、始めた以上、責任をもって最後まで仕上げなければいけません。たとえ、アクシデントやトラブルでペンディング《保留》になっても、きちんと始末をつけるのが大人の対応です。そして、いつでも再開できるように準備を整えておきたいものです。

一日の仕事を終えて帰宅するときに、オフィスのデスクまわりはきれいに片づいていますか。たとえば、パソコンの画面がアイコンでいっぱいになっていませんか。書類が机の上に山積みのままになっていませんか。

空海が「始めを合くし」と言っているとおり、一日の仕事は気持ちよくスタートしたいものです。出社して最初にするのが、机まわりの片づけやパソコン画面の整理では、その時点で出遅れているようなものでしょう。

では、「始めを合く」するには、どうしたらいいか。それは「終わりを淑くする」のが近道です。先ほどのオフィスでいえば、前日の帰り間際《まぎわ》に片づけておきさえすれば、翌朝はすぐに仕事に取りかかれます。

料理にしても、「食事のあと片づけをする前に、料理をつくったあと片づけをしなければならない」ということにはならないのではありませんか。

そういうことのできる人を、空海は「君子」と呼んだのでしょう。

［教訓］
事を成そうとするのなら、
最後までベストを尽くす。
そのためには、好スタートを切るための準備を怠《おこた》らない。

恨んでもしかたのないこと
なんとか
許す気持ちになってみないか

「過《とが》を恕《ゆる》して新たならしむる、これを寛大といい、
罪を宥《なだ》めて臓《ぞう》を納《い》る、これを含弘《がんこう》と称す」
（『遍照発揮性霊集』）

仲のよい友だち同士でも、ちょっとした誤解や行き違いから口論になり、売り言葉に買い言葉でエスカレートするケースがあります。カップルのあいだでも、どちらかの勘違い、あるいは二人そろっての思い違いから、ちょっとした言い争いになり、その後、冷戦状態になることもあるでしょう。

ところが、冷静になって考えてみると、トラブルの原因がほんとうにつまらないことだったりします。そんなとき、自分に非があったと気がついたら、あなたはすぐに謝れるでしょうか。

空海は「過《とが》を恕《ゆる》して新たならしむる、これを寛大といい、罪を宥《なだ》めて臓《ぞう》を納《い》る、これを含弘《がんこう》と称す」と語っています。

人は誰でも何かしら過ちを犯《おか》すもの。その過ちを罰するのは当然かもしれないが、過ちを犯した人の事情を理解して、罪を許す心が、あなたを輝かせるのではないだろうか、という意味です。

さて、空海は「恕す」という漢字を使っていますが、「ゆるす」には「許す」や「赦す」という漢字もあります。

許すは「外出を許す」のように、相手の願いを聞き入れることや「気を許す」のように安心すること、あるいは「心を許す」のように信頼をあらわすときに使われます。

赦すは「罪を赦す」のように、罪や過ちを赦すときに使います。「赦免《しゃめん》」「恩赦」などにも「赦」の字が使われます。

空海が使った「恕す」は、「相手の事情を考えて寛大にあつかうこと」「同情して大目に見ること」「思いやり」などを意味します。失敗をして「ゆるし」を乞《こ》うときに、「何とぞ、ご寛恕《かんじょ》のほどを」と使われます。

世間では「人間関係ほど厄介《やっかい》なものはない」といわれます。

しばしば耳にするのが、職場では「上司と波長が合わない」「何かあるたびに同僚と対立する」「部下が指示どおりに動かない」など。小さいお子さんのお母さんならママ友との付き合い、学生なら「あの先生は苦手《にがて》」といった声もよく耳にします。

ここで、なぜ人間関係がうまくいかないのかと聞くと、「約束を守らない」「人が貸した大切な物を返さない」「時間にルーズ」などの理由に加えて、「それなのに謝らない」という声が多く、行き着くところは「自分の非を認めない」ことに思えます。

人間関係のさまざまな気持ちのもつれの中でも「ゆるせない」という感情はかなり強いもので、私は厄介なものだと思っています。職場でのトラブル、友人同士の諍《いさか》い、恋人とのすれ違い、夫婦間でのもめごとなど、いたるところで「ゆるせない」という言葉が飛び交《か》っていそうです。

それでも、たいていの場合、相手もトラブルを起こしたことを後悔しているはず。相手が謝ってきたら、それを受け入れてあげたいものです。さらに、自分から素直に謝ることができれば、相手もきっと「ゆるし」てくれると思います。

相手からこうむった迷惑は、あなたにとって大きなストレスになっていたかもしれません。でも、「ゆるせない」という感情を持ち続けるのは、さらにストレスになります。相手を「ゆるす」ほうが、あなたの心は軽くなるに違いありません。

［教訓］
寛大な心があれば、たいていのことはゆるせる。
心の狭い人や厳格な考えの持ち主でも、
「ゆるす気持ち」が寛大な心をつくる。

相手を思いやってみよう
その心は
やがて何倍にもなって返されてくる

「慈悲を以《もっ》て本《もとい》とし、利他を以て先《さき》とす」
（『秘蔵宝鑰』）

ドラマや芝居の中で、盗賊や海賊の船長を演ずる役者が「俺の物は俺の物。他人の物も俺の物」といばり散らす場面があります。ようするに、奪った財宝や金品はすべて自分の私物だというわけでしょう。手下にすれば、命と食べ物にありつければいい。たまに「おこぼれ」でも与《あずか》れれば、もうそれで十分と教育されているのかもしれません。

最近は、世界的な気候変動、厳しい経済状況、世界各地の紛争など、誰もが自分や家族の身を守ることを第一に考えざるを得ない、不安定な日常を過ごしています。その結果、多くの人が自分のことしか考えられず、「どうしたら、これまでどおりの暮らしを続けていけるのか」「どうやって利益を得るか」に汲々《きゅうきゅう》としているのではないでしょうか。しかし、それだけで幸福感は得られるでしょうか。

一方で、地元のボランティア活動に参加したり、被災地を訪れて自分のできることを手伝ったり、あるいは海外青年協力隊に入って世界で活動したり、自分自身のことより、世のため人のために力を尽くしている人も大勢います。

もちろん、それほど大げさな話でなくても、ちょっとしたことで、人のためになることはできます。

妊娠中の女性が電車の優先座席に座っていたところ、中年の女性が「席を譲れ」といわんばかりにその前に立ち、彼女をにらみつけました。彼女は三十前でまだお腹《なか》も目立っていないため、「若いのに優先席に座るなんて」と思われたのかもしれません。その視線に恐れをなして席を立とうとしたとき、隣にいた高齢の女性が「あなた、妊婦さんでしょ。遠慮せず、座っていなさい。私が健康のために立つから」と腰を浮かしたのです。二人のやり取りを目にした中年の女性は恥ずかしくなったのか、何も言わずに別の車両に移っていったそうです。座り直した高齢の女性にお礼を言うと、「あなたのお腹には未来があるのよ。大切にしてね」と言われたそうです。

こんな思いやりの言葉を口にできる女性は素敵だと思いませんか。

空海の言葉に「慈悲を以《もっ》て本《もとい》とし、利他を以て先《さき》とす」があります。人を慈《いつく》しむ心を持ち、人に利をもたらすような行動を取ることが第一と解釈できます。

かつて、人間関係を良好に保つ方法として「ギブ・アンド・テイク」という言葉が流行《はや》りました。相手に利益を与え、自分も利益を得ることで、最近の言葉でいえば「ウィン・ウィン」とでもなるでしょうか。

空海の「慈悲を以て本とし」というのは「ギブ・アンド・テイク」の精神をもう一歩進めた「ギブ・アンド・ギブ」の精神のように思えます。相手に見返りを求めず、ただ一方的に与え続けることで、たとえば、自分の手が空《あ》いていれば、すすんで誰かの仕事を手伝うわけです。これはまた「利他を以て先とす」の心にもつながります。

他人を手伝えば、その仕事を知ることにもなります。「見返りは求めない」というものの、大いに勉強になりますし、自分のスキルアップとなる可能性を秘めているでしょう。「相手のため」という気持ちは、結果的には「自分のため」になることもあるわけです。

さらに、今度は、あなたが多忙やピンチに見舞われたときには、相手が知恵を貸してくれたり、力を貸してくれたりするかもしれません。まさに皆さんもよくご存じのことわざ「情《なさ》けは人のためならず」と同じでしょう。

［教訓］
自分の都合を相手に押しつけたくなるもの。
だが、相手の立場や都合にも目を向けて、
それを優先できるかどうかが、関係を左右する。

その日その日の
ほんとうにほんとうに小さな努力が、
そのうちに実を結んでくれる

「玉《ぎょく》は琢磨《たくま》に縁《よ》って照車《しょうしゃ》の器《うつわ》と成り、
人は切磋《せっさ》を待って穿犀《せんさい》の才を致す」
(『三教指帰』)

「現代の天才といえば誰か」と聞かれたら、どんな人を思い浮かべますか。財界人や起業家、スポーツ選手、芸能人、または科学者や音楽家の名があがるかもしれません。

将棋の世界で、史上最年少でのプロデビュー以来、破竹の二十九連勝を飾ったほか、一般棋戦《きせん》優勝、タイトル獲得、二冠から五冠までの達成など、多くの最年少記録を保持しているのが藤井《ふじい》聡太《そうた》棋士です。彼も令和の天才の一人といえるのではないでしょうか。

さほどメジャーではなかった棋界が、藤井棋士のおかげで脚光を浴びることになりました。将棋《しょうぎ》はちょっとしたブームとなり、各地の将棋教室も、これまでになかったにぎわいのようです。

藤井棋士は、五歳で将棋を知ってからというもの、すっかり夢中になり、将棋教室に通い、東海研修会を経《へ》て日本将棋連盟のプロ棋士養成機関である新進棋士奨励会に入会しています。しかし、三連勝する一方で六連敗するなど、勝負の世界の厳しさを知ります。

当然、将棋の勉強に励んだ藤井棋士ですが、それだけではなく本や新聞を読み、さまざまな知識を身につけていったそうです。詰将棋《つめしょうぎ》の創作にも熱心だったといわれています。

つまり、「ひたすら将棋を指すだけ」ではなかったわけです。

空海は「玉《ぎょく》は琢磨《たくま》に縁《よ》って照車《しょうしゃ》の器《うつわ》と成り、人は切磋《せっさ》を待って穿犀《せんさい》の才を致す」という言葉を残しています。

宝玉は磨くことによって美しく輝く。人間も努力し、自分を高めるから才能が開くといった意味でしょう。藤井棋士にとっては、将棋を指すのは「宝玉を磨く」ことで、それ以外の幅広い知識を得ることが「自分を高める」だったように思います。

蓄音機、白熱電球、活動写真など千三百もの発明をしたことで知られるトーマス・エジソンは「天才」とも「発明王」とも呼ばれました。蓄音機がレコードを経てCDになり、白熱電球はＬＥＤ照明になるなど、時代とともに変化はありますが、人々の生活を便利で安全に、楽しく豊かにした功績に対する評価は不変です。

そのエジソンが残した「天才とは一パーセントのインスピレーションと九十九パーセントの汗である」という言葉はあまりにも有名です。

平成の天才となると、イチロー選手の名前があがりそうです。日本プロ野球界では、首位打者七回など輝かしい成績の数々を残し、その後、日本人初の野手としてアメリカのメジャーリーグに移籍。首位打者二回、盗塁王一回を獲得。二〇〇四年にはメジャーリーグのシーズン最多安打記録を八十四年ぶりに更新する快挙を遂げ、その後もメジャーリーグで三千安打、五百盗塁を達成したのですから、まぎれもないスーパープレーヤーです。

イチロー選手は現役時代、道具を大切にすることで有名でした。少年野球教室で「どうしたら上手になれますか？」と質問されると、「グラブを手入れすること」と答えていました。その理由は「つくってくれた人への感謝、買ってくれた人への感謝が自分のプレーに結びつくから」だそうです。そうしたふだんの取り組みが天才をつくるのでしょう。

とかく、人間はちょっとばかり他人より秀《ひい》でていると勘違いし天狗《てんぐ》になりがちで、中には、まるで天下を取ったようなふるまいをする人もいます。一方で、目立たなくても、自分の才能の芽を地道に育てて花咲かせる人もいます。

どんなに天性の才に恵まれていても、それを磨く努力をしなければ、宝の持《も》ち腐《ぐさ》れ。「才に溺《おぼ》れて」と評されないように、人知れぬ努力を重ねたいものです。

［教訓］
天才と呼ばれる人は、見えないところで努力し、感謝の気持ちを忘れずにいる。
コツコツと積み重ねた結果が「天才」なのだ。

つべこべ考えるな
とにかく
ひたむきに生きればいい

「生れ生れ生れ生れて生の始めに暗く、
死に死に死に死んで死の終わりに冥《くら》し」
（『秘蔵宝鑰』）

困難を極めた大きなプロジェクトを成し遂げたあと、リーダーが「いや、四苦八苦だったが、全員が一丸となって頑張り、今日の日を迎えられた。チームのみんなに感謝する」といった言葉で慰労することがあります。

「四苦八苦」とは、たいへんな苦しみという意味ですが、元々は仏教に由来する言葉です。「四苦」は、生・老・病・死の四つの苦しみのこと。「八苦」は、四苦に加えて、愛する人と別れる苦しみの「愛別離苦」、怨《うら》んだり憎んだりする人と出会う苦しみの「怨憎会苦《おんぞうえく》」、求めるものが手に入らない苦しみの「求不得苦《ぐふとくく》」、人間の心身を形成する要素から生まれる苦しみの「五陰盛苦《ごおんじょうく》」をあらわします。

たしかに「四苦」にある「老い・病気・死去」が、苦しみであることはわかります。しかし、「生きる」のも苦しみなのでしょうか。

空海は「生はこれ楽にあらず、衆苦《しゅく》の集まるところなり」という言葉を残していて、人生は苦しいことばかり（衆苦〈多くの苦しみ〉）だと教えています。先ほどのプロジェクトでいえば、たしかに、成し遂げるまでにはさまざまな苦労があったと思いますが、そもそも生きていくこと自体がたいへんだったわけです。

また、空海は「生れ生れ生れ生れて生の始めに暗く、死に死に死に死んで死の終わりに冥《くら》し」という言葉も残しています。

人間は何度生まれても、何度死んでも、なぜ生まれるのか、なぜ死ぬのかを知らないといった意味です。

「生れ」と「死に」が繰り返されているのは、輪廻《りんね》転生《てんしょう》の思想からでしょう。輪廻転生とは、命あるものが「肉体という乗り物」を乗りかえて、何度も生まれ変わるという考え方です。昔から、「生まれ変わり」の話は世界各地で伝えられてきました。『前世を記憶する子供たち』（イアン・スティーヴンソン著、笠原敏雄訳／角川文庫）という本には、そうした例がたくさん書かれています。

自分はどこから来たのか。生まれるとはどういうことなのか。死とは何か。死んだらどうなるのかを考え続けていた空海は、「起こるを生《しょう》と名づけ、帰るを死と称《よ》ぶ」とも述べています。「生と死は特別なものではなく、生は、朝起きるようなもの。死は、元の場所に戻るようなもの」と考えたのでしょうか。

これほどまでに科学が進歩した現在でも、「わからない」ことは多々あります。宇宙の誕生、地球の成り立ち、生命の起源、脳のはたらき、病気のメカニズムなど、解明しきれていない謎ばかりですから、空海ほどの天才でも、迷ったり悩んだり、解き明かせなかったことはあったでしょう。

でも、考え方を変えると、「死」は決して悲しいだけではなく、「生」のひとつの句読点とも思えませんか。この現世を美しく完成させ、その先に続く新たな来世へのスタートといえるかもしれません。

ただし、そんなことは考えなくてもいいでしょう。作家の宇野千代《うのちよ》さんは、「死んだ後のことは、死んでから考えればいいと思います」という、すばらしい言葉を残しています。

まさに、そのとおりではありませんか。わかっていることは、今、自分は生きているということ。そして、いつかは死ぬということ。それまでは、この与えられた生を、最後まで、よりよく生きていくほかありません。人生の最後の日が来るまで、死にいたるまで、私たちは自分なりに、その日をせいいっぱい暮らせばいいのです。

［教訓］
考えることは大切だが、
誰が考えてもわからないことはある。
ときには何も考えずに、ひたむきに生きることも必要だ。

おわりに

二〇一〇年（平成二十二）、私は五十七歳のときに、それまで三十年間携わってきた精神科臨床を辞め、「精神腫瘍《しゅよう》科」という、「がん患者さんの心のケア」をする新しい領域を始めました。ところが、実際にはとんでもなく奥深い領域でした。

何が問題だったのか……。それは、それまでの診療では経験したことのない「死生観」から来るものでした。お会いした患者さんが数日以内に亡くなってしまうなど、長い精神科医時代にはなかったのです。がん患者さんの診療を開始して初めて経験したものだったと、今は思います。

困惑した私は、先輩の助言を仰《あお》ぎ、死生観について学ぶ場を探し始めました。結果的には、仕事をしながらでも勉強ができる「通信制」の大学院で学ぼうと考え、選んだのが、高《こう》野山《やさん》大学大学院の密教学科でした。

五十九歳で高野山に出向くと、大学院の入学式に参加しました。

そこで私は……空海に出会ったのです。

還暦をはさんだ二年間は、古い書籍に心を奪われながら、仏教をはじめとした宗教一般を学びました。さらには古代インド哲学の死生観を知って、「還暦という青春」を謳歌《おうか》させていただきました。

そして、弘法大師になる前の人間空海の大ファンになり、『空海に出会った精神科医─その生き方・死に方に現代を問う』（大法輪閣）を上梓《じょうし》しました。

空海は十八歳で、人よりも遅れて、平城京《へいじょうきょう》にある日本で唯一の国立大学に入学します。しかし、そこで学ぶことに新鮮さを感じることができず、町中に飢餓《きが》で苦しんでいる多くの人々を救う方法はないかと自問して、一年生で中退してしまいました。

こうして、ひとり深い山に入り、滝に打たれるなどの修行後に、二十四歳で『三教指帰《さんごうしいき》』という日本初の戯曲を出し、その中で「仏教が一番優《すぐ》れている」と自分の方向性を断言します。モラトリアムから脱して、アイデンティティーを確立したのです。

やがて、その後の七年間の謎の空白期間を経《へ》て、三十一歳で遣唐使船に乗り込みました。空海が歴史の表舞台に登場したわけです。

空海は、唐の国では密教を学び修行していましたが、真言密教の第七祖である恵果阿闍梨《けいかあじゃり》は、初対面で空海の才能と気概から、「自らの後継者に価する器《うつわ》だ」と見抜き、翌日から真言密教の第八祖になるべく、短期間で密教のすべてを教えます。

空海は、唐にある密教の法具などすべてを与えられ、帰国の途につきます。その後の空海の活躍と仏教界への貢献については、よく知られています。

空海は晩年、「大僧都《だいそうず》」といわれる多くの僧を指導する最上位クラスにまで上りつめますが、実は、静かに読書（この場合は経典を精読すること）をしたり、ひとりで瞑想《めいそう》をしたりすることが好きだったようです。それに加えて、「弘法筆を択《えら》ばず」のたとえどおり、寵愛《ちょうあい》を受けた嵯峨《さが》天皇や朝廷の高官、さらには友人、弟子、民間人に対してたくさんの手紙を出しましたが、その多くが美しい文字とともに奇跡的に大量に残っています。

さて、私の話になりますが、空海と出会ってのち、懇意にしていたＰＨＰ研究所のご紹介もあり、高野山が発行する『月刊高野山』という冊子に、空海について連載させていただく機会を得ました。

空海の言葉には、私たちの人生の苦しみや悩みを救ってくれる「大きな力」があります。その連載の中で、空海が残した手紙を中心にして、珠玉《しゅぎょく》の言葉を選び、解説をさせていただきました。

本書は、そうした連載をもとにさらに拡大して、空海のすばらしい言葉を、多くの人に「心の杖《つえ》」としてもらうことを願って書いてみました。空海生誕千二百五十年という節目《ふしめ》に、さまざまなご縁で、この本を上梓でき、ほんとうにありがたいことと思います。PHP研究所の萩原一彦さんをはじめ、ご教示いただいた方々に深く感謝を申し上げます。

どうぞ、しみじみとした空海の言葉をお楽しみください。

令和五年春
保坂　隆

参考文献

『弘法大師空海全集』空海弘法大師空海全集編輯委員会／筑摩書房
『空海の歩いた道　残された言葉と風景』頼富本宏著・永坂嘉光写真／小学館
『空海名言辞典』近藤莞寛／高野山出版社
『空海読み解き事典』小峰彌彦編著／柏書房
『空海名言法話全集　空海散歩　第1巻』白象の会著・近藤堯寛監修／筑摩書房
『空海の言語哲学』武村牧男／春秋社
『空海に学ぶキャリアデザイン』益田勉／春風社
『くり返し読みたい空海』近藤堯寛／リベラル社
『日本人なら知っておきたい空海と真言宗』出折哲雄監修／光文社
『眠れないほど面白い空海の生涯』由良弥生／三笠書房
『まっぷる四国八十八カ所　お遍路の旅』旅行ガイドブック編集部／昭文社

MdN新書
046

空海《くうかい》のことば《こころ》

2023年4月11日　初版第1刷発行

著　者　保坂《ほさか》 隆《たかし》

発行人　山口康夫
発　行　株式会社エムディエヌコーポレーション
〒101-0051　東京都千代田区神田神保町一丁目105番地
https://books.MdN.co.jp/
発　売　株式会社インプレス
〒101-0051　東京都千代田区神田神保町一丁目105番地
装丁者　前橋隆道
帯画像　「潮見峠越えの熊野古道」（公社）和歌山県観光連盟／写真AC
DTP　アルファヴィル
印刷・製本　中央精版印刷株式会社

カスタマーセンター
万一、落丁・乱丁などがございましたら、送料小社負担にてお取り替えいたします。
お手数ですが、カスタマーセンターまでご返送ください。
落丁・乱丁本などのご返送先
〒101-0051　東京都千代田区神田神保町一丁目105番地
株式会社エムディエヌコーポレーション　カスタマーセンター　TEL：03-4334-2915
書店・販売店のご注文受付
株式会社インプレス　受注センター　TEL：048-449-8040／FAX：048-449-8041
内容に関するお問い合わせ先
株式会社エムディエヌコーポレーション　カスタマーセンターメール窓口 info@MdN.co.jp
本書の内容に関するご質問は、Eメールのみの受付となります。メールの件名は
「空海のことば 質問係」としてください。電話やFAX、郵便でのご質問にはお答えできません。

Senior Editor 木村健一　Editor 松森敦史

ISBN978-4-295-20518-0　C0215